JN002322

宮城まり子とねむの木学園

――愛が愛を生んだ軌跡

作新学院大学学長
渡邉弘

潮出版社

宮城まり子とねむの木学園

――愛が愛を生んだ軌跡

カバー／本文扉写真　撮影　中村太郎©毎日新聞
表紙挿画　ねむの木学園（ねむの木の花／やまむらあい）
別丁扉挿画　ねむの木学園（かあちゃん／ほんめとしみつ）
本文写真　ねむの木学園／共同通信社／文藝春秋写真部／中村太郎
ブックデザイン　鈴木成一デザイン室

プロローグ

これは、宮城(みやぎ)まり子という一人の人間と子どもたちとが、ねむの木学園という〝良心が集う場所〟で見事に〝愛が愛を生んだ〟半世紀に及ぶ物語である。

宮城さんは、もともと歌手として、また女優として戦後活躍してきた人である。その宮城さんが、なぜ「ねむの木学園」という家庭をもたず、身体機能に、知恵に障害をもつ子どもたちのための施設と学校をつくったのだろうか。そこには、そうした子どもたちとの運命的な出会いがあったのである。「肢体(したい)不自由児養護施設」という名称も法律も何もない時代、宮城さんは、さまざまな人たちから受けた知恵と勇気に支えられながら、国を動かし、戦後義務教育という名のもとで、子どもたちだれもが学校という場で学べていたと思い込んでいた私たちに、その盲点を見事に突いて見せてくれたのである。

宮城さんは、「ダメな子なんか一人もいない」といい、教育とは「生きていくお手伝い」という。素朴ともいえるこうした言葉は、実は彼女のこれまでの〝戦仕度(いくさじたく)の日々〟から生まれた厳しくもやさしさに満ちた、子どもたちの幸せを心から願う愛の言葉である。

現在、ねむの木学園は、静岡県の掛川市に「ねむの木村」として、社会福祉法人ねむの木福祉会（福祉型障害児入所施設ねむの木学園 やさしいお家、障害者支援施設ねむの木学園 星に祈る、障害者支援施設ねむの木学園 感謝の心、特定相談支援事業・障害児相談支援事業ねむの木の木陰、共同生活援助〈グループホーム〉コーラスボーイ）と学校法人ねむの木学園（特別支援学校ねむの木）、吉行淳之介文学館、ねむの木こども美術館（どんぐり、ねむの木緑の中）、なかよしの家スウェーデンハウス、「森の喫茶店ＭＡＲＩＫＯ」、あかしあ通りこどものお店などが、広大な敷地の中で、まるでメルヘンの世界に迷い込んだかのような雰囲気を醸し出している。

この宮城まり子さんが創設したねむの木学園は、単に特別支援教育という領域だけに止まらず、「教育とは何か」に対して大きな示唆を与えてくれるものと確信している。

宮城さんは、かつてねむの木学園創設40年を振り返って、次のように語っている。

> 役所に出す書類をかかえ、こどもたちの入院の書類を持ち、よく四十年来れたナと思います。
>
> この子たちのため、環境を大切に、良くし、宮沢賢治じゃないけれど、東にいい病院があれば飛んで行き、西によい先生がいられるときいたら訪ね、南に、勉強になるところがあれば、どんな時間をさいても、北にいい仕事があれば飛んで行き、その途中はすべて、役立つ本を読み、夜、一番おそい、十一時の報告をきき、ベッドへ入り、その後

の時間も病気の報告あれば、判断し病院に連れて行き、こどもが目をさますころ、無事ならほっとしてねむる。

教育は、どうすればよいのか悩み、教壇に立ち、よい音楽会があれば連れて行き、みせたい展覧会があればみせに行き、感覚の集中に努力しました。この法制の変わる二、三年が、一番苦しく死にたいナなぞあさはかなこと思いながら、また走り廻る自分。あの子たちを愛しているから、私の持てるものすべて障害をもつ子にさし上げているけれど、まだ足りないですね。

そして、大きな責任を負いながら私は、今、初心であるように考えています。(1)（傍点引用者）

「初心」――それは、ドキドキする気持ちであり、毎日毎日をありったけ努力しようとする気持ちだと宮城さんはいう。たぶんそれは、子どもたちと向き合うために、どうしても失ってはいけない「子ども心（童心）」を意味しているのかもしれない。どれだけ自分のもっている愛を与えても〝まだ足りないですね〟という宮城さん。

私は、日本の長い教育の歴史の中で、子どもたちと共に歩んできた類いまれな奇蹟の教育とも呼んでもよい〝戦仕度の日々〟の物語と、宮城さんの子ども、教育、福祉などに対する考え方を、どうしても未来に残しておかなければならないという強い思いから、この書をまとめた。また本書の内容は、生前、宮城さんにもお渡ししてご一読いただき、その後、宮城さんの貴重なアドバイスなどをもとにさらに加筆したものである。

なお、本書は2部構成となっている。各部とも、宮城さんの著書から、できるだけ引用し、そのときの状況や考え方などが生き生きと直接読者に伝えられるように心がけた。

第1部では、「宮城まり子とねむの木学園のあゆみ」と題して、宮城さんの生い立ちからさまざまな人たちとの出会い、そして別れなど、これまで歩んできた道程と、宮城さんがなぜ日本で初めての「肢体不自由児養護施設」をつくろうとしたのか、そしてどのように今日まで展開されてきたのかを紹介する。

また第2部では、「宮城まり子の子ども観・教育観」と題して、宮城さんの子どもの観方や教育の考え方、さらに教師観、学校観などの特徴を明らかにし、それらがいかに現代の教育に意義があるかということについて考えていく。

宮城さんが著した書物はもちろん、関連する雑誌や新聞など管見に触れる限りの資料はすべて精読し、本書に反映させたつもりである。書物の内容についての不明確さ、独断的なところはすべて筆者の浅学からきているものであり、読者ならびに専門家のご指導やご批判をいただければ幸いである。

作新学院大学学長　渡邊　弘

宮城まり子とねむの木学園——愛が愛を生んだ軌跡　目次

プロローグ 3

第1部 宮城まり子とねむの木学園のあゆみ 13

1 宮城まり子の生い立ち 14

（1）幼き日①——母との思い出 14
（2）幼き日②——父との思い出 22
（3）女優・歌手として 25
（4）吉行淳之介との出逢い、そして旅立ち 29
（5）弟の死 33

2 学園創設を決意させたこと 37

（1）『まり子の社会見学』と子どもたちとの出会い 37
（2）「就学猶予」という言葉 42
（3）奔走の日々 46
（4）吉行淳之介との約束 48

3 日本初の「肢体不自由児養護施設」の誕生 52

（1）社会福祉法人ねむの木福祉会設立趣意書 52

（2）「養護施設」から「肢体不自由児養護施設」へ 55
（3）苦難の旅立ち 59
（4）必死の勉強 62
（5）国が動く 68
（6）町の特殊学級併設と登校拒否 70

4 世界へのアピール――映画制作とテレソン 75
（1）映画制作の動機 75
（2）「ねむの木の詩」
「ねむの木の詩がきこえる」 77
（3）「虹をかける子どもたち」
「A Big Hand for All Children」

「HELLO KIDS!」 82
（4）テレソン 84
（5）絵画展の開催 87

5 学校法人ねむの木学園ねむの木養護学校の併設 90
（1）併設した理由 90
（2）開校の日 92

（3）職能専門高等学院 96
（4）高等部の設立——可能性の広がり 98
（5）二つの時間割 104

6 さまざまな教育実践 110
（1）美術の時間 110
（2）音楽の時間 114
（3）道徳の時間 117
（4）運動会 121

7 肢体不自由児養護施設から肢体不自由児療護施設へ 127
（1）こども美術館・図書館の創設 128
（2）谷内六郎と子どもたち 129

8 「ねむの木村」の誕生 132
（1）誕生までの軌跡 132
（2）日本の「ヘット・ドルプ」をめざして 136
（3）やさしさの心のバトン 149

プロローグ・第1部　出典　152

第2部　宮城まり子の子ども観・教育観　161

1　子どもの観方　162
（1）さまざまな子どもたちの物語　162
（2）根源にあるもの　165
（3）かくれた才能・高まっている感性　166
（4）ダメな子なんか一人もいない　168

2　「お手伝い」としての教育　173
（1）三つの「I（アイ）」　173
（2）さまざまな「お手伝い」　179
（3）「信じる」こと「愛する」こと「見守る」こと　184
（4）暴れていた子が父になった　187

3　「教師」とは何か　190
（1）「俳優（役者）」としての教師　190
（2）子ども心――想像力と創造力――　193

（3）三つの「もたせる」 200
（4）「癒し合う」という関係 209

4 開かれた学校・ねむの木学園 212
（1）ゆっくりと学ぶ場所 212
（2）「家庭（居間）」としての学校 216

第2部 出典 224

エピローグ 228
1 ねむの木村を散策して 228
2 宮城さんと共に――ガーデンハウスにて 234

あとがき 237
参考文献 241

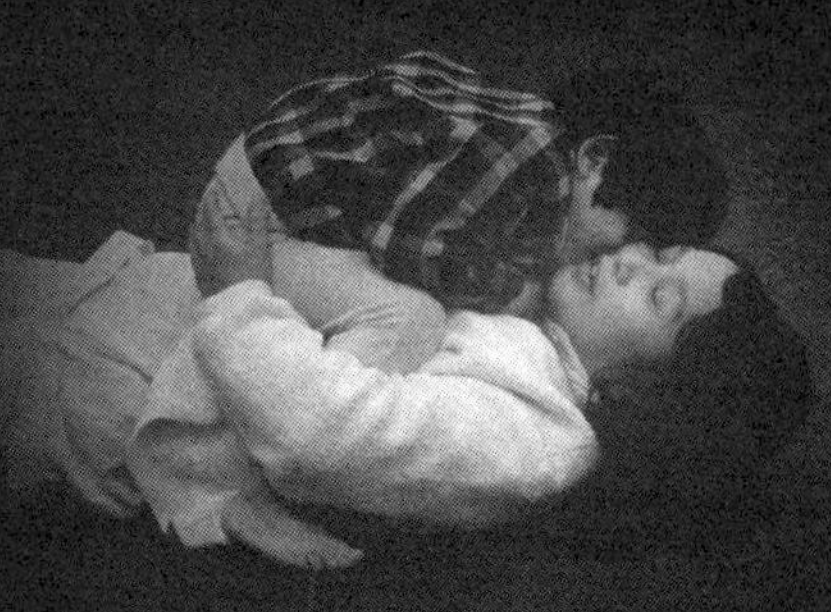

第1部

宮城まり子と
ねむの木学園の
あゆみ

1　宮城まり子の生い立ち

（1）幼き日①——母との思い出

宮城まり子は、本名を本目眞理子という。宮城は、世の中が、大正期の自由な風潮からやがて金融恐慌などによる不況と治安維持法（1925年公布）による思想統制・弾圧といった暗雲が立ちこめ、しだいに戦争の足音が響いてきた昭和2（1927）年3月21日、東京の小さな町工場の家に、母とし子、父英一の長女として生まれた。2年後、弟の八郎が誕生している。宮城は幼い頃、虚弱児であり、それを支えてくれたのは母だった。彼女にとって母は、その後の人生にとって最も影響を与えた人であり、後に彼女自身「いちばん最初の教師」(2)とも呼んでいる人だった。

宮城の母親は、静岡英和女学校*、現在の静岡英和学院を優秀な成績で卒業し、その後、新渡戸稲造（1862〜1933）**を尊敬していたため東京女子大学英文科へ進学した。

しかし結核により健康を害して中退している。

宮城は、「こどもの意志の世界の、ほのぼのとひらけてゆく」(3)幼い日の母と弟との思い出を、少しずつ成長していく過程の中で、次のように追憶（ついおく）している。

母にめぐりあったのは、いつかナと思う。幼児の記憶としては四歳くらいからであるけれど、写真帳の横に書きこんであるあの母の文字が、一番、早い私の赤ちゃんのときの文章。〝生後、百日　まり子ちゃん〟から始まって、初めての言葉、初めての詩、初めての絵。

そして、私が、出あったナと思うのは、一歳〝まり子ちゃん、シロホンをかいました。音をたしかめて買いました〟

＊　明治20（1887）年、静岡メソジスト教会牧師平岩愃保が県令関口隆吉とともに私立「静岡女学校」を開校する。初代校長はミスM・J・カニングハム。明治36（1903）年に校名を「静岡英和女学校」と改称する。

＊＊　教育者、農政学者、岩手県出身。札幌農学校卒。アメリカ留学の後、京都大学教授、一高校長に就任。キリスト教信者として国際親善に尽くし国際連盟事務局次長もつとめた。東京女子大学学長などを歴任。カナダで客死。著書に『農業本論』『修養』『偉人群像』『武士道』などがある。

という言葉でした。
一歳の赤ちゃんのオモチャの楽器の音を、たしかめて買ってくれた母。
幸せであったと思う。

〝三歳、まり子ちゃん、弟の八郎ちゃんと、オモチャの海の中をおよぎます。
まり子ちゃんのもっている絵本を、八郎ちゃんがほしがります。
ほしくてたまらない八郎ちゃん、
まり子ちゃんは、なかなか　わたしません。やっと、あげた絵本をもらった、
八郎ちゃんのうれしそうな顔。
まり子ちゃん、納得して、渡したのです〟

こどもの意志の世界の、ほのぼのとひらけてゆくのを、私は、今、みました。

（中略）

こどもを、尊重してくれた母、五歳の時の思い出は、とても強い。
泣かされて、帰ってくると、母は言う。
「泣きやみなさい。あなたが泣いている間、泣かした子はつらいのよ」それがねむの木。(4)

〝生後、百日　まり子ちゃん〟〝三歳、まり子ちゃん、弟の八郎ちゃんと、オモチャの海の

中をおよぎます〟といった母のやさしさに満ちた言葉一つ一つの中に、二人のわが子の健やかな成長を見守りながら寄り添う母子像を、私たちはそこに見るに違いない。その母の〝心〟が、ねむの木の子どもたちを見守る宮城の〝心〟の原点となっているともいえよう。

それは、宮城の次の言葉でもわかる。

父英一、母とし子、弟八郎と幼き頃の宮城まり子

> 母がいつも私に言ってくれていた言葉が、今、ねむの木を支えている大切な合言葉になっています。それは、「まりちゃん、やさしくね」という言葉です。(5)

また、宮城の母は、絵を描くことが好きだったという。あるとき、宮城は母に、「どうしておかあさんは絵がじょうずなの」と尋ねたことがある。そのとき母は、「あなたはあなたの絵、おかあさんの絵はおかあさんの絵、だから自分の絵を描けばいいのよ」と言われたことが今でも心の中に残っているという。(6)

幼い頃から宮城は、「何故のまり子さん」というあだ名が付いていたほど、何にでも興味をもって尋ねる活発で好奇心の強い子どもだったらしい。その一つの例として、「裸婦(らふ)」の絵の話がある。10歳の頃、油絵を描き始めた宮城は、ゴヤの「裸婦」の絵の美しさに感激し、そのような絵を自分でも描いてみたいと思い、面倒をみてくれていたお千代さんという女性に、ある日、お人形と交換に裸になってもらい絵を描き、それを学校に持っていった。すると、予想通り学校の先生は驚き、そのときは何も言わなかったが、後日母親が娘と学校に呼び出された。そこで、母親は謝りながらも、先生に「子どもがこの絵がいいと思って一生懸命描いたことだけは認めてあげてください」といったことを、宮城は今でも強く印象に残っているという。(7)

ちなみに、このように好奇心の強い幼い宮城にとって、決まり通りにやらなければならなかった当時の学校はあまり好きではなかったらしい。そのことについて、宮城は自身を〝時代に合わない子〟と呼んでいる。(8)

小学校に入ったら、〝思った通り〟は駄目でした。ラジオ体操があんまり気持ちよかったので、両手を伸ばして、「うーん」と描きました。画用紙が足りなくなって別の紙をはりつけ、長い長い手を描きました。「その通りに描きなさい」。先生は言いました。私は、その通りなんだけどと思いました。

「こんな、長い手の人間はいないでしょ。まり子さん、おみかんとか、リンゴなぞ、きちんと見て描きなさい」

よいことか駄目なことか、別にして、私は写生がキライでした。(9)

ちなみに日本の美術教育の歩みを見ると、明治以降、対象をその通り描く「臨画(りんが)」と呼ばれる方法がとられていたが、それが大正時代に山本鼎(かなえ)などの自由画運動により、子どもたちの自由な発想で描く「自由画」に一時転換した。しかし、この宮城の証言でも明らかなように、すでに時代は国家統制の厳しい昭和に入り「臨画」に逆戻りしていたことがうかがえる。むしろこれは、この教師の問題というより当時の時代性の問題と考えられる。

また宮城は、本の好きな文学少女だった。休み時間などはただ自分で読んでいるだけではなく、友達に読んで聞かせてあげ、とても人気者になったという。戦争中も英国のビクトリア朝の代表的詩人であるアルフレッド・テニスン（1809〜92）の物語詩「イノック・アーデン」なども愛読書だった。

後ほど詳しく述べるが、ねむの木学園のモットー（合言葉）は〝やさしくね、やさしくね、やさしいことはつよいのよ〟という言葉である。これは、宮城の母そのものだった。つまり、ただ情緒のやさしさではなく、強さをもったやさしさということである。それは、次に紹介する二つの思い出の記録からもわかるであろう。

私が小さかったころ、お祭りに遊びに行くのに女の子だから新しい着物かお洋服が欲しかったのね。「私、お祭りにどれを着るの?」って聞いたら、母が「つくってあげますよ」って。結核で安静に寝ていなくちゃならないから、寝たままのかっこうで胸の上に赤い布を広げてチクチクと縫ってくれました。それがどれだけしんどいことなのか、こどもの私はわからなかったんです。(中略)

灯りのついていない部屋でじっと寝ていた母。そのとき小さい私は「お豆腐みたいだ」と思ったの。顔が青白く見えて、なんだかもろいってことでしょうかね。催促されてもなにも言わずにじっと縫い通した母に、ほんとに悪かった、悪かったって思いました。(10)

小学三年(10歳)のとき、地震があったの。それほどは大きな地震じゃなかったんだけど、それぞれのお家からお母さんたちが、こどもの無事を知りたくて、学校にかけつけてきたの。

まっ先に駆け込んできたのが、寝ていたはずの母だったんですよ。学校にいちばん近

い家のお母さんより速かった。[11] ＊（ ）内引用者

だが、こうして宮城にやさしさと強さを教えてくれた母は、33歳の若さで世を去った。宮城12歳のときである。宮城は、大阪の堂島川近くの阪大病院に入院していた母が亡くなる前、学校を休んで食事をつくり看病していた。

私は、九か月も学校を休んで付き添ったの。横に私がいたかったから。お食事から、少しでもからだにいいものをと考えて私は、少しでも食べてもらおうと、病院の炊事場で初めて料理をしていたっけ。トマトのサラダとか大根の煮たのとか。[12]

そして、宮城の人生の最初の悲しみの日、昭和14（1939）年7月25日の暑い日を次のように追憶している。

十二歳の夏、母が亡くなった。大きくなったら、やさしい先生になりたいと思った。私のように泣いている子のやさしい先生になりたいと思った。小学校の生徒でも（ママ）、大きなプライドを持っている。私は、小学校の六年生の時、病院の母の看病にくっついていた。行かされたのではない。くっついていた。

学校に行って、防空壕掘りがいやだったし、病弱で気を失ったりするし、面白くなかった。(13)

阪大病院に入院していた母には死が迫っていたが、幼い宮城にはその母の死がそこまで来ていることはまったく知らなかったと後に述べている。弟の八郎が会いに来た日、母の最後の言葉は、「八郎ちゃん、お外はとっても暑いから、白い帽子をかぶって遊びに行くのですよ」(14)だった。母は最後までやさしかった。母を亡くした宮城は、弟と共にこう誓い合ったという。

弟と二人で、大きくなったら、泣いているこどもにやさしくしてあげる大人になろうね、ってあとで話しあいました。私は、泣いているこどもをなぐさめてあげられるやさしい先生か、お医者様になりたいと思ってました。(15)

(2) 幼き日② ——父との思い出

宮城は、著書の中で父については母ほど多くを語っていない。だが、母親と同じく、やさしく強い人であったことは、次に紹介する宮城の言葉から想像できる。

父は言う。

「小さい子に泣かされてくる子がありますか。泣きやみなさい」

大きい子に、泣かされて帰ると言う。

「大きい子に、泣かされる子があるか。行って、泣かしていらっしゃい」

素直に私は、棒をもって出かけてゆく。私の一生で、やはり、いちばん、最初に、めぐりあった人の影響は、強いのだナと。[16]

また、父は小学生だった娘まり子を人格をもった一人の人間として、その成長を見守っていた。

「絵はどうする」と父に聞かれ、「やりたい」と答えたら、「絵描きになるなら、五十歳まで勉強で、そのころ、絵を描いて生きていけるかどうかわかるだろうけれど、がんばれる？」と聞かれました。そんなに、生きていないと思うので、「待てない」と答えた私。「厳しいな」と思った父。でも本気で子ども相手に、考えてくれたんです。[17]

私は、本当のドラマを見に父に連れられて、四ツ橋（大阪市西区）の文楽を初めて見せてもらい、九歳の私は、感動し、一年間ほどですが、文楽の人形遣いになりたいと思いました。[18]

父は、再婚した後、宮城たちをつれて九州の佐世保に行った。ちょうど長崎に新型の爆弾が投下された日、長崎に使いに出ている人と連絡がつかないため、父が探してくるといって出かけた。2、3日経って父は真っ黒になって戻ってくるとすぐに、宮城を連れて被爆者のいる佐世保駅に向かった。そのときのことを次のように書いている。

> これは父との思い出です。父が再婚しますので佐世保に行きました。長崎で被爆された方が列車で避難してこられたというので、「まりちゃん、おいで」って父に連れられて、私、バケツ持って駅まで行ったの。それにお水を汲んで、列車から降りてきたみんなに配るようにいわれました。[19]

父も長崎で被爆していたのである。そうした中で、同じく被爆した人たちを救おうとしている父の姿は、おそらく宮城にとって最も印象深い父の姿だったのかもしれない。そして、その悲惨な光景が、苦しんでいる人、悲しんでいる人のために何かをしたいという思いが、強く芽生えた大きく重大な出来事として、宮城の心の奥底に焼きついた。

血の赤と、泥とで、染まっちゃったような、時間の中。今でも、熱のある時、浮かんでくるのは、あの時の、あの方々の顔です。被爆された方。[20]

（3）女優・歌手として

宮城は、戦時中から兵隊や家族のために集められた子どもで結成された慰問団に参加して、とくに声がきれいな少女だったが、終戦後、九州での慰問活動をやめて、父や弟と共に上京した。やがて、宮城は弟と「踊る海賊」というミュージカル映画を観て、歌に惹かれ芸能界へと進んでいくことになった。

昭和24（1949）年8月、父の努力によって、宮城が初めて歌い始めたのは浅草だった。

父が、私と弟のミュージカル熱の高いのを、知っていて、東京の舞台に何とか、と努力したんだと思います。

「浅草、決まったよ」と教えられ、夢中で、ドレスを作りました。

行ってみると、そこは、劇場でも、あこがれの東京のショーのステージではなく、寄席でした。浅草演芸場といいました。昭和二十四年八月一日のことでした。[21]

浅草で歌っているとき、ある作家の目に止まった。それが菊田一夫（１９０８〜73）である。彼は、大正14（１９２５）年に上京し、サトウ・ハチローの内弟子などをして、昭和初期には浅草を舞台に喜劇作家として活躍し、戦後は、プロデューサー、劇作家として、「鐘の鳴る丘」（１９４７〜50）や「君の名は」（１９５２〜54）などテレビやミュージカルなどで活躍した人物である。宮城にとって、この菊田との出会いは、その後スターとして大きく飛躍する第一歩であったに違いない。宮城は、菊田の誘いにより、日劇の舞台に立つことになるのである。そこでは、作曲の服部良一、プロデューサーの山本紫朗、振り付けの県洋二などの指導のもとでデビューし、スターの階梯を昇り始めていった。

その後、再婚していた父と小さな亀裂が生まれることになり、宮城は弟の八郎と一緒に一部屋を借りて生活するようになる。その頃の様子を次のように書いている。

弟と二人、一人前になれない歌手の卵は、眠れぬ夜、手をつなぎあって寝ました。
「ハ、チ、ローちゃん」。私は、あなたの口まねをして呼びました。
「マ、リ、コ、ちゃん」。弟もあなたの口まねをしました。二十歳と十八歳の姉弟は、

レコード会社にはいることを夢みながら、悲しい夜、こう呼びあって、なぐさめあいました。(22)

宮城の夢は、意外に早くかなった。昭和27（１９５２）年1月1日に憧れのビクターに入社した。なお、ほぼ同期に、江利チエミ、雪村いづみ、美空ひばりなどがいた。25歳のとき、服部良一作曲の「東京やんちゃ娘」や三木鶏郎の歌「毒消しゃいらんかね」「あなた本当に凄いわね」がヒットして、一躍スター歌手となった。その頃を振り返って次のように語っている。

そのころ私のデビュー曲のお色気ソング〝あなた本当にすごいわね〟が、ヒットして、レコード歌手になれたけど、ドレスを着てその唄を歌うのがはずかしく、歌い終わって走って舞台からひっこんだ、コッケイな私に、お客は、ドッと笑って拍手した。そして私はコミカルなまりちゃんになった。お客を笑わせるということは、自分のはずかしさの代わりなのだと知った。(23)

さらに、3年後の昭和30（１９５５）年に、「ガード下の靴みがき」（作詞・宮川哲夫、作曲・利根一郎、宮城秀雄編曲）が国民的大ヒットとなった。ちなみに宮城秀雄とは、宮城の弟八郎である。

1　紅い夕陽が　ガードを染めて
ビルの向こうに　沈んだら
街にゃネオンの　花が咲く
俺ら貧しい　靴みがき
ああ　夜になっても　帰れない

2　墨に汚れた　ポケットのぞきゃ
今日も小さな　お札だけ
風の寒さや　ひもじさにゃ
馴れているから　泣かないが
ああ　夢のない身が　辛いのさ

3　誰も買っては　呉れない花を
抱いてあの娘が　泣いてゆく
可愛想だよ　お月さん
なんでこの世の　幸福は
ああ　みんなそっぽを　向くんだろ

これは、もともと屑籠に捨てられていた原稿用紙を宮城が見つけたことがきっかけだった。

偶然ではあったが、この歌との出合いは、ある意味で運命的だったのかも知れない。

> 涙がぼろんとこぼれました。
> ああ、この歌を歌うために、私がいる。そう思いました。
> 毎日、通る有楽町の街では、貧しいけれど、みんな上を向いていましたから。とにか

く、「あ、あったァ」がその時の心です。[24]

初めは塗(ぬ)ってなかった顔に靴墨(くつずみ)を塗り、少年という設定のため、つぎのあたったデニムのつなぎという姿で、この歌を歌った。しかし、「可愛想だよ　お月さん　なんでこの世の幸福は　ああ　みんなそっぽを　向くんだろ」という歌詞に込められた内容は、ねむの木学園をつくることになる、その後の宮城の進む道を、もうすでに暗示しているかのようにも思えるのである。

さらに宮城は、「納豆うりの唄」など都会の谷間で働く貧しい少年の哀感(あいかん)を歌い上げ、菊田一夫にミュージカル女優としても育てられた。他にも映画（「オンボロ人生」など）やテレビドラマ（「てんてん娘」など）などでも活躍し、文字通り当時の揺るぎない一大スターとしての座を確立していったのである。そうした実力が認められ、昭和33（1958）年には、ボードビル「十二月のあいつ」で芸術祭賞（大衆部門）を受賞している。[25]

（4）吉行淳之介との出逢い、そして旅立ち

歌手としても女優としても大活躍の宮城に、この頃一人の作家との運命的な出逢いが待っ

ていた。芥川賞作家吉行淳之介（1924〜94）である。吉行淳之介は、岡山出身で新興芸術派作家のエイスケと美容家安久利の長男として生まれた。高校時代梶井基次郎やトーマス・マンに傾倒し、東大英文科に進んで、女学校講師を経て、東大中退後『モダン日本』の編集者となり、同人誌『世代』に参加した。やがて昭和29（1954）年に、多摩の国立療養所清瀬病院で、島村喜久治院長の執刀により肺切除の手術を受けた、この年に、『驟雨』で芥川賞を受賞している。なおこのときの手術の際の輸血で、吉行はC型肝炎と一生闘わなければならなくなった。その後も、谷崎潤一郎賞、読売文学賞、野間文芸賞などを受賞している。交友を深めた人として、安岡章太郎、小島信夫、遠藤周作などがいる。[26] まさに若き〝時の人〟二人の運命的な出逢いだったといえる。

宮城は吉行と、「ファニーフェイスについて」というテーマの鼎談で初めて会った。そのときのことを、次のように書いている。

> 当時、外国でもオードリー・ヘップバーンとかレスリー・キャロンとかファニーフェイスといわれる顔がはやっていた頃でね、写真家の秋山庄太郎さんと淳之介さんの三人で座談をしたのが最初に会った日ね。[27]

しだいに、二人の感性と美意識がぴったりと寄り添うように見事に合うことがわかり始め

「ねむの木学園」の児童画展を見る
吉行淳之介と宮城まり子　写真提供：共同通信社

たとき、それはすでに〝気に入る〟という単純なものではなく、〝愛する〟という深遠なものに変わっていった。吉行淳之介の芥川受賞作品『驟雨』の一節に、次のようなくだりがある。

> 気に入る、ということは愛するとは別のことだ。愛することは、この世の中に自分の分身を一つ持つことだ。それは、自分自身にたいしての顧慮が倍になることである。[28]

まさに、宮城にとっても吉行にとっても〝分身〟となり、〝顧慮（こりょ）が倍になる〟相手となっていたのであろう。

だがそこには、宮城にとって大きな障壁があった。それは、吉行が妻帯者であるということである。この障壁に苦しんだ末、宮城は〝恋愛を清算するための勉強旅行〟という名目でアメリカに旅立っていった。宮城32歳のときである。

一九五九年、勉強するからということで、私は、六カ月の予定で、アメリカに行くことにした。

はじめての外国、そしてまったくの一人旅である。主としてニューヨークで、休みなく動いたら、はなれていることで、淳之介さんと別れることが出来るかと思った。つまり、一人になればいいのかと思った。恋愛を清算するための勉強旅行だった。(29)

宮城は、ニューヨークを拠点にサンフランシスコ、ラスベガス、ロサンゼルスを往復し、芝居やミュージカルを観て、役者としての勉強を欠かさなかった。そうした中でも、吉行から来た手紙をたびたび出して読み、強がりの自分を心の中で感じていたという。後年、宮城は、自分にとっての吉行淳之介について、こう語っている。

私にとって淳之介さんは、好きな人であり、先生であり、一番愛している人。それは真っ赤な愛。でも、彼は結婚していましたから、世の中の奥さまという人に対して「すみません。奥さまのいる人、好きになりました」という申し訳ない気持ちはいつも持っています。

吉行淳之介という人の人柄について悪くいう人はいません。私も彼の人柄を尊敬していますし、いつの間にかうつったところがたくさんあります。感じ方とか、考え方とか、好きなものとか。今の私は、自分の持っていたものプラス淳之介さんという感じです。(30)

(5) 弟の死

だが、翌昭和35(1960)年、芸能界で順風満帆(じゅんぷうまんぱん)に進んできた宮城を、足元から突き崩す出来事が襲(おそ)った。それが、作曲家として順調に進みだし、これから本格的に活躍していくところだった弟八郎(作曲者名:宮城秀雄)の事故死だった。そのとき宮城はパリにいた。弟の死の知らせは父からだった。そのときの茫然自失(ぼうぜんじしつ)の状況を、次のように鮮明に記している。

ニューヨーク、メキシコ、そして再びニューヨークに帰って来てからパリに行った。たまたま遠藤周作御夫妻が、パリに来ていらっしゃって、お世話になった。一人で正月を迎えて早々、日本にいる弟が交通事故で死んだ。

> あの日は夕方、遠藤さん御夫妻と、コメディ・フランセーズの芝居を観る約束であった。
> 三時過ぎ、日本から電話だった。父の声である。泣き声である。「まり子」声が震えていた。なぜか弟が死んだと思った。なにかが、ぐるぐる廻り始めた。パリの古いホテルの部屋の電話機の黒いコードが、ブランブランとゆれて、受話器が生き物みたいに叫んでいた。
> 「もしもし、まり子、まり子」
> 私は、そのまま、わからなくなった。（中略）
> 弟は、作曲で自分の番組がもてるようになった時だった。ミュージカルを、弟が作曲し私が主演する。それが二人の夢だった。新しい芸術座で公演した、私の初めての主演作品『まり子自叙伝』（1958年）では、古関裕而（こせきゆうじ）先生と弟が音楽を担当し、弟のミュージカルナンバーがヒットになった。そして、『まり子自叙伝』は、日本で初めてのロングラン公演になった。[31]（　）内引用者

弟の八郎は25歳のとき作曲家になった。その後、姉弟でコンサートなどをよく開いていたという。その最愛の弟が、「二十九才の正月、弟は恋人に逢いに東京から大阪へ車で向かう時、助手席にいたのだが、運転をする人の不注意でトラックにぶつかって死んだ。私に指揮

棒と譜面を残して、真っ赤な車で死んだ。」(32)のである。

葬儀（そうぎ）は、八郎のつくったばかりのスタジオで執り行われた。多くの参列があった中に、黒いマントを羽織（はお）った作家吉川英治もいた。そのときの様子を、次のように書いている。

寒い二月の始めの弟のお葬式の日に、二時間のあまりも一般の参列の方々にまじって並んで下さった吉川先生の小柄なお姿を見つけた時。黒いマントの先生は、お焼香をして下さった後、そっと私のところに寄って来られて、「うんと泣いて、泣きつかれたら、家においでよ」といって下さいました。(33)

また、今でも宮城は、最愛の弟を思い浮かべ、車に乗る際、助手席に乗るという。

今も、ずっと必ず、車は、助手席に乗る私。弟は、助手席で死んだのです。大切なよその人を、助手席が一番あぶないと知ってしまったから、そこに、乗せることはできないのです。そして、いつも、自分が必ずそこに乗っていることに気がつきます。だって、あのとき、泣きながら自分を、なぐさめたのです。(34)

そしてまもなく、まるで後を追うように父も亡くなった。

私が、十二月の東宝の舞台に出演中、すぐ近くの慈恵医大病院で、父は、白血病で、死にました。再婚した義母と義弟に、みとられて。

私は、今夜あぶないと知らされながら、喜劇で、殺されるカルメンをやってました。舞台化粧のままかけつけた時は、もう、すべて終わったあとでした。

そして、お医者さまに言われました。老人の白血病なので、できれば解剖させてほしいと。お義母さんの悲しさで、それは、かなえてはあげられなかったけど、もっともだと感じながら、医学的には、残念だと思いました。父は長崎で被爆しておりましたから。(35)

2　学園創設を決意させたこと

（1）『まり子の社会見学』と子どもたちとの出会い

宮城と生活上、身体上、学習上、困難な状況にある子どもたちとの運命的なかかわりは、先の「ガード下の靴みがき」という歌から途切れることはなかった。

昭和33（1958）年、宮城31歳のとき、『婦人公論』という雑誌で〝社会見学〟というテーマでルポルタージュを書いている。それは、いろいろな場所に行き、人に会い、調べ、400字詰原稿用紙23枚、毎月、女優業の中で書き続けるというものだった。宮城は、それをやり遂げ、昭和35（1960）年5月20日に『まり子の社会見学』として中央公論社から出版された。これが宮城の処女出版である。表紙は、宮城が子どもたちに微笑（ほほえ）みかけているものであり、やさしさがそこから伝わってくる。目次は次の通りである。

目次

水の上で暮らす家族
荒れた手のおばさん
闘う科学者たち
トランペット　私の恋人
荒海をみつめる人
この園に光りを
知恵おくれの教室
心にいっぱい太陽を
女中さん、しっかり
街の灯は消えて
海に命をかける女
黒い汗の男たち
心臓を見る
泥海の町
あとがき

どの内容も、どれも大変な取材であり、かなり詳細に調べられ正確に記録されている。なによりも、宮城のやさしさがよく表れている。宮城は、出版されたことについて、自分では照れくさく、書店に並んでも見に行かなかったという。この本のあとがきで、宮城は次のように書いている。

> 今、改めて、昨年一年二ヵ月かかって書いた「まり子の社会見学」をもう一度読みなおして、よくまあ続いたなァと、しみじみ思いました。
>
> 一と月に一回、自分の知らない所を見学できるし、それに二十枚近くの原稿、書けるかもしれないとお引き受けして、一回で、もう悲鳴をあげました。なんとたいへんな仕事であったことか、舞台のない月はまだしも、昼夜の舞台のある月など、何日机の前に坐っても、ただ、ぼうっとしているだけで一字も書けなかったこと、夜中に見学に行き、また夜中に書く、そんな月もありました。[36]

とくにその中で印象的な内容が、東京築地の水上小学校を見学したときのものである。次は著書の中の一節である。

「俺、自転車なんか、欲しくないや」

突然こう言い出した子供をみたら、てれくさそうに、首をすくめていました。

「なぜ？」

「どうせ、買ってもらえないもの」

本当は、ほしくって、ほしくって仕方がないのに！

どうせ、買ってもらえないもの……。

どうせ、買ってもらえないのだから……。

どうせ、仕方がないのだから……。

私はこのどうせ、が艀の中でも、学校でも、いやに気になりました。どうせ、どうせ、どうせ私は、どうせ仕方がないんだから、私はふと悲しくなりました。(37)

この子どもたちとの出会いは、宮城にとって怒りと共に悲しみでもあり、その後の〝泣いている子、苦しんでいる子のために何かをしたい〟という気持ちが、いやが上にも大きくなった出来事だったに違いない。後年、このことについて次のように述べている。

私はいつも、果たしてこれでいいのかと考えていました。ルポで見学に行った東京築地の水上小学校のこどもが、〈どうせ僕たちは、自転車なんか一生買えやしないや〉というのを聞きました。この〈どうせ〉が気になって、〈やる気になれば手に入れられるよ〉と、男女生徒約二十人を前後のみさかいもなく、私のもっていたテレビ番組に出して一緒に歌い、テレビ局からはお礼として、お金ではなく自転車をもらうことにしました。楽屋に戻って、〈どうせ僕たちは、なんてあきらめる言葉は使わなくてもいいでしょ〉と言ってしまったのです。[38]

また、あるときミュージカル「サウンド・オブ・ミュージック」の中で「ドレミの歌」を歌ったときに「下半身が萎えていた子」をステージに上げ、一緒にドレミの歌を歌ったこともあったという。多少長いが、そのときの様子を後年、次のように述懐している。

　朝日ホールでした。私のショーで、私は、たくさん唄い終わって、カーテンコール。サウンドオブミュージックの『ドレミの歌』を唄いました。ちっちゃな子供たち（合唱団）と舞台で一緒に唄いながら、最後のマーチのところ、私は客席に下りていきました。お客さまも唄いながら、手拍子をとってくださってました。客席の中でお母さんのひざにいた女の子がしがみついてきました。

　私は、その子と手をつなぎ合って、歩き始めました。

　はっとしました。その子が、ひどく歩きにくそうだからです。舞台に、上る階段のところで、私は、気がつきました。その子、両足がとても不自由でした。舞台にその子をのせようか、そこで、お母さんのひざに返そうか？　けれど、ここでやめたら、その子の心に傷がつくと思いました。他の元気な子供たちと一緒に行進することが、一番いいと決心しました。「やる？」とささやきましたら「うん」と、うなずいて這って階段を上りました。そして舞台の上で、大勢の子供たちと一緒に、手を振りました。（中略）

忘れることのできない出来事でした。迎えにいらっしゃったお母さんも涙でぐしゃぐしゃ。そして「ありがとうございます。まり子さん。あの子が、人前で、あんなに楽しそうにしたのを見たの初めてです。もう九歳になるのに、私のひざの上ばかり。あんな勇気があったなんて、私、こどもに感謝します」。

いいえ、それどころではありません。私に、すべての子が、幸せに、愛されて、いなくちゃいけないんだと、学園を建てる決意をさせてくれました。(39)

（2）「就学猶予」という言葉

こうした子どもたちの後押しがあり、やがて昭和35（１９６０）年に、ねむの木学園をつくろうと心に決めた、ある子どもとの運命的な出会いがあった。

宝塚劇場での舞台でした。私、脚本・演出の菊田一夫先生から障害のある少女という役をもらいました。幼いころの脳性マヒの影響でアテトーゼの子なので、自分の思うとおりに手足が動かなくて、思わぬところに行ってしまったりするの。お客さまを笑わせる役なの。

むずかしい役だな、と思って、板橋の整肢療護園の園長先生を頼って勉強に行きました。そうしたら、そこでさらにびっくりしたの。

モデルにしようとした子は、当時の法律で「就学猶予」が与えられるから、学校に行かなくていいということでした。つまり、小学校や中学校に行けないってことです。私は、義務教育なのだから、すべての子に同じ権利があり、同じに守られるべきだ、なんて考えてしまいました。その子の役を舞台で見せて、お客さまを笑わせるなんて、できないと思った。[40]

国立整肢療護園の当時の小池文英園長の話によれば、その子はすでに両親が離婚しており、父親は所在不明で、看病してくれていた母親も亡くなり、本来なら来年度から義務教育として学校に就学するわけであるが、できないということであった。宮城はその理由を尋ねると、園長は「法律がないから」と淋しく答えたという。そして、宮城を学園創設に向けさせた言葉が、この「就学猶予」だった。彼女に、ねむの木学園をつくらせた直接の動機は、まさにこの言葉に対する彼女の素朴な批判と怒りにあったといっても過言ではない。宮城は、その子と出会ったときの心境を、次のように語っている。

自分の意志どおり動かない、その子をよく見て、女優として、どう表現すればよいのか思っていましたとき、ふと気がつきまして、これが女優としてダメなところだとそう思うのですが、その子は人間であるのに、私の演技の対象として私に見られていて、その子を演技することと真似ることによって、私の芝居が成り立っていく、それはどういうことなんだろう、そんな権利が私にあるのだろうかと、そんなふうに思ったのが、障害を持つ子に対する私の最初の気持ちでした。そのとき、就学猶予という言葉に出会いました。(41)

私は弱いからだの子だったけれど、自分の好きな勉強をすることができたので、不自由な子の就学猶予という言葉が、身にこたえたのです。学校にいって習っていなかったせいで、そういう法律を知らなかったので、ナゼこの子達は義務教育という義務があるのに、権利教育というのがないのだろうなど、思ってしまったのです。義務教育なのに、就学猶予というのは、そういう一見、思いやり深げな言葉で、この国は、この国のこどもとしての権利を、とり上げているのだ、と思ったのです。(42)

では、「就学猶予」とは、どのような内容のものなのだろうか。学校教育法第二三条に規定されているその内容は次の通りである。

前条の規定によつて、保護者が就学させなければならない子女（以下学齢児童と称する。）で、病弱、発育不完全その他やむを得ない事由のため、就学困難と認められる者の保護者に対しては、市町村の教育委員会は、監督庁の定める規程により、前条第一項に規定する義務を猶予又は免除することができる。(43)

この規定は、あくまで保護者の就学させる義務の猶予であることに注意しなければならない。つまり、保護者の義務の遂行を一定期間猶予するということである。「病弱、発育不完全」については、盲(もう)・聾(ろう)・養護学校における教育に耐えることができない程度のものであろうが、法令上には規定はない。ただし、いかに病弱で発育不完全の事情があっても、就学義務の猶予が子どもの教育を受ける権利を奪うことであってはならず、それに応じた制度によって教育がなされるべきであるわけだが、当時はそれに対応する制度が国にはなかったのである。宮城は、この戦後のわが国における教育の盲点ともいうべきところを突いたといえる。

ちなみに、「その他やむを得ない事由」とは、たとえば帰国子女で日本語がまだ十分理解できない、あるいは話せないといった場合や、罪を犯して少年院に入っている場合などが考えられる。ただし経済的理由は含まれていない。この点について、宮城はさらに次のように述べている。

なぜ、ねむの木を作ったか？　自分で理屈をつくっても、どれもほんとうで、どれも、あとから考えること。ただ、言えることは、私が彼と彼女たちを知ってしまったこと。そして、就学猶予という悲しい言葉があったことです。形が不思議なら、心も曲がっていると、誤解されている弱者といわれる子どもへの私の正義感、感傷、幸せであることのもうしわけなさ。そして、考えたすえ、お国に、今ないなら、だれかがしなくちゃ、ただそれだけみたいな気もします。(44)

（3）奔走の日々

翌昭和36（1961）年、宮城34歳のとき、本格的に土地探しが始まった。当初、横浜に場所を求めようとしたが役所で断られた。そして、最終的に遠州灘（えんしゅうなだ）の松林が茂り、ねむの花が美しく咲く砂丘に、ねむの木学園の場所が決定された。浜岡町に決定した理由について、次のように書いている。

学園用地として静岡県小笠郡浜岡町という砂丘だけが魅力のこの土地にきめたのは、もちろんお金の無いせいもあるけど、砂地なら障害をもつ子がころんでもけがをすることがないのではないかという、素人らしい考えからだけでした。[45]

だが、砂地には花が咲かないと教えられて、その砂地を豊かにすることを考えて、養鶏場と養豚場から、動物たちの糞をもらって、何か月も毎日トラックで運んだと、後に宮城は述べている。

土地は決定したものの、日本で初めての肢体不自由児養護施設ができるまでには、手続き上さまざまな困難があったことも事実である。それについて宮城は、当時の苦労の一端を次のように記している。

> ねむの木学園をつくるため、土地さがしやら、自分自身がやりとおせるだろうかと、熱くなってみたり、引っこんだり、そして、とうとう、せっぱつまったように、ハンコを押す書類をつくりはじめました。
>
> 事業内容……構想などというところから、もう、事務的に書けなくて「お国に、ないなら、必要なら、たとえ三人位の子ども達のためにでもつくりたい」なんて言葉じゃ書

類にならないからと、紹介していただいた静岡県のある子どもの施設に、実習のため五日間ほど泊めていただいた時、夜中にこっそり書類棚から、一番最初にお役所に出す、そういうぶ厚い書類を懐中電灯でうつし出し、三晩かかってぬすみ書きをして、それに少し私らしく、ハンディを持つ子どものことを書きくわえ、厚生省に出しました。とにかく日本で初めての、肢体不自由な子の養護施設の参考になる書類がなかったのです。毎日のように書き直しの日々。

早く許可がおりるよう待った二年間。あまりおそいので「挨拶に行きましょう、いっしょうけんめい頼むのですよ」と、静岡県の児童課の課長のTさんにつれて行かれた参議院議員会館(46)。

そしてついに、土地探しから7年後、昭和43(1968)年1月24日、まず社会福祉法人ねむの木福祉会設立の認可がおり、続いて4月1日に養護施設ねむの木学園設置が認可された。

(4) 吉行淳之介との約束

さまざまな子どもたちの目に見えない後押しとともに、強い後押しをしてくれた吉行淳之介の存在があった。

あるとき宮城は、吉行に、病気で手と足が不自由で知的障害があり、両親が面倒見られない子どもたちの生活と学習の場をつくりたいということを相談した。そのときの様子を次のように述べている。


「あのね、前から心の中にあったことで、ずっと考えて来たんだけど、病気でね、手とか足とかが不自由で知的障害があって、お家でお父さんとかお母さんとかがね、めんどうみられない子がいるの。そして、その子たち就学猶予って法律で、小学校も中学校も行かなくてもいいんですって。つまり義務教育を受ける権利がなくなるの。私、そういうの知ると考えちゃって。私、仕事で、こどもちゃんたちのいるところへ行くことが多いでしょ、それに、私自身が舞台でこどもの役が多いでしょ。だから知る機会がありすぎたんだと思うの。私、淳といっしょに暮らせて幸せすぎる気がしてるし、申し訳ないことと思ってます。私にやれることとさせてほしい。お医者さんにちゃんとかかれること、教育は正しく受けられること、こどもとして愛されることのお手伝いしたい。出すぎることかも知れないけど。おかしいかもしれないけど」

淳之介さんは言った。

「この話は十年も前から言ってたね」

「あなたと知り合った頃からね」

「昨日、今日、言い出したのならやめなさいって言うけど、ずっと前から思いつづけていたみたいだから、いいでしょう。その代わり約束」

「はい」

「一、途中でやめると言わないこと。二、愚痴はこぼさないこと。三、お金がナイと言わないこと。これ守りなさいよ。君を信じて来る人に、途中でヤメタって言うのは大変無礼だからね」

「うん」

涙があふれて何も見えなくなった。(47)

このように吉行は、宮城の学園創設の希望を〝あまり賛成ではないムードだった〟が、受け入れてくれた。ただ、それには吉行からの三つの約束を守るという条件があった。これは、何が何でも最後までやり通さなければならない、という強い決意を宮城にさせたやさしくも重く心にのしかかる〝約束〟となったのである。

また、宮城が吉行にもう一つ大切なお願いをしていた。それが学園の名称である。この点について、次のように書いている。

改めて厚生省に書類を出しはじめた。一つだけ相談にのって下さいと淳之介さんに頼んだことは、その名前だった。ねむの木ホーム、ねむの木の丘、きょうだい学園、ねむの木学園、いくつか、役所と相談したのを見せたら「考えるよ」。そして、朝、目がさめた時、私の部屋のドアの下の透き間に原稿用紙に大きく〝ねむの木学園〟、横に小さく、迷わずこれに決めなさいと書いてくれていた。(48)

名称というものは、おそらくこのように何気ない会話と、すぐれたアイデアをもった人間から生み出されてくるものなのかもしれない。こうした経過で生まれた「ねむの木学園」という校名が、その後日本だけでなく、世界中にそれほどの時間を待たずに広まっていくことになるとは、そのとき宮城も吉行も想像していなかったに違いない。

3　日本初の「肢体不自由児養護施設」の誕生

（1）社会福祉法人ねむの木福祉会設立趣意書

昭和42（1967）年2月1日、厚生省（当時）に「社会福祉法人ねむの木福祉会設立趣意書」を提出した。その内容は、次の通りである。

　現在、家庭環境に恵まれない児童は大幅に減少したと思われておりますが、まだまだ多く、特に養護施設への入所対象児童であるにもかかわらず、手足が不自由なため、一般の養護施設では保護、指導が困難なため入所できないでおります。また、肢体不自由児施設を退所した児童で、家庭環境に恵まれない児童の退所後の生活はみじめなものです。これら児童の対策が望まれます。

　そこでこれら肢体不自由児を対象として養護施設の設置計画をたてたところ、幸いに多くの方の賛同を得、準備がととのいましたので、ここに養護施設ねむの木学園を設置経営する社会福祉法人ねむの木福祉会を設立し、児童の福祉に寄与しようとするものです。

昭和四十二年二月一日

社会福祉法人ねむの木福祉会[49]

多くの「養護施設」の歴史は、戦災孤児の救済から始まり、当時「孤児院」と呼ばれていた。昭和22（1947）年12月12日に児童の福祉を担当する公的機関の組織や、各種施設および事業に関する基本原則を規定した児童福祉法が制定され、その中の第41条で「乳児を除いて、保護者のいない児童、虐待（ぎゃくたい）されている児童その他環境上養護を要する児童を入所させて、これを養護し、あわせてその自立を支援することを目的とする施設」と規定されている。この規定では、趣意書に記載されている「手足が不自由なため、一般の養護施設では保護、指導が困難な」子どもたちは、当時入所できない状況だった。ちなみに近年は、社会問題化している虐待や離婚率の増加をはじめ、さまざまな形での「家庭崩壊（ほうかい）」があり、家庭内に養育能力が欠如（けつじょ）しており、入所してくる子どもたちの多くが心に何らかの傷を負っているともいわれる。

一方、わが国の「肢体不自由児施設」の歴史は、同施設の生みの親といわれる整形外科医である高木憲次（1888〜1963）が20世紀初頭のドイツの療育施設オスカーヘレンナハイムから多くの示唆を受け、帰国後、障害者の治療・教育・職業訓練を三位一体とした施設クリュッペルハイムの設立を提唱し、整肢療育園を開設したことに始まる。[50]

やがて、戦後昭和22（1947）年に先の児童福祉法が制定され、高木の尽力により児童福祉法第43条の3に、「（肢体不自由児施設）肢体不自由児施設は、上肢、下肢または体幹の機能の障害児を治療するとともに、自活に必要な知識技能を与えることを目的とする施設とする」として、肢体不自由児施設が法的、制度的に位置づけられることになった。そして昭和26（1951）年には、空襲で焼け落ちた施設が法に基づく肢体不自由児施設・整肢療護園として再建復興されることになるのである。だが、高木らの努力にもかかわらず、全国に設置されたのは、日本が翌年に東京オリンピックをひかえ高度経済成長まっただ中の昭和38（1963）年だった。肢体不自由児施設は、就学前までしかいられなかったため、当然趣意書に書かれるような「肢体不自由児施設を退所した児童で、家庭環境に恵まれない児童の退所後の生活はみじめなもので」あったわけである。したがって、「これら児童の対策が望まれます」という言葉は、まさに現実的な訴えだったといってよいだろう。

宮城は、著書の中で従来の社会福祉立法等に対して批判している。次はその一部である。

　我が国における社会福祉立法は、法が個々に成りたち福祉対策の総合化がとぼしいように思われます。
肢体不自由児対策についても同様の事がいえると思います。肢体不自由児施設は各県にありますが、いずれも医療機関としての性格の強い法によって運営されていて、こどもは治療が済み、ある一定の機能訓練を終えると家庭に帰る事を原則としています。[51]
「きたない（手をよごすという意味）仕事をするものほど月給は少ないのだナ」って。そんなこと、いけない。それが、福祉国家なのかと思うと、なさけなくて、笑い出したくなります。[52]

（2）「養護施設」から「肢体不自由児養護施設」へ

昭和43（1968）年3月、第1期工事の竣工式がとり行われた。そして、4月1日、ついに念願の認可がおり、4月6日、養護施設ねむの木学園の開園式が行われた。場所は静岡県浜岡町（現在の御前崎市）の太平洋の波音が聞こえる松林の中。公立小学校と中学校の分教場もできて、子どもたちは義務教育を受けられるようになった。

宮城は、認可された日、その書類をしっかり抱いて寝たという。建築は1年がかりで完成し、むきだしの水槽（すいそう）をトタンで囲み、赤い屋根にとんがり帽子の塔にしてペンキで絵を自ら描いた。学園の最初の建物は、次のような状況だった。

昭和四十二年、ありったけのお金で、建てた場所だから、アルミサッシにしなかったのは、潮風で、アルミが、さびやすいといわれたのと、もう一つは、木の窓という、アットホームな感じが、私の好みでもあったから。その一つの事務所を、思いきって自分で、ペンキで、ぬり変えることにした。そこは、一番最初、四分の一が厨房で、四分の三が、子ども達の遊び場であり、食堂兼、教室兼、雨天体操場兼、職員室であったから。その部屋一つ、厨房がついて一つ、お風呂場、当直室一つ、子どもの部屋二つ（八畳）、そして、保母室一つ、ブロックでつくった二つの子ども便所。それが、ねむの木学園の最初の建物である[53]。

だが、認可はおりたものの、そこに一つ問題があった。それは、「養護施設」という規定の限界の問題だった。それについて当時、厚生省児童家庭局長であった竹内嘉巳（よしみ）は次のように回顧（かいこ）している。

元来、法令というものは、何でも類型化してしまうものである。いわば、形式が内容を制約するのである。ところが、宮城まり子は、その奇想天外な発想の内容をすべて法令的形式のなかにつめこもうとする。ここで法令の壁にぶつかり、苦闘することになる。

宮城まり子は、家庭を持たない恵まれない子どもたち、そして身体機能に、知恵に障害をもつ子どもたちというダブルのハンディキャップをもつ子どものための「ねむの木学園」をめざしていた。

しかし、児童福祉法第四一条は「養護施設は、乳児を除いて、保護者のない児童、虐待されている児童その他環境上養護を要する児童を入所させて、これを養護することを目的とする施設とする」と示し、同法第四三条の三は「肢体不自由児施設は、上肢、下肢、又は体幹の機能の障害のある児童を

ねむの木の塔に絵を描く宮城まり子
写真提供：文藝春秋写真部

治療するとともに、独立自活に必要な知識技能を与えることを目的とする施設とする」と規定している。

彼女の「ねむの木学園」は、むしろ肢体不自由児施設がより適切であり、彼女もそれを期待したが、同法に基づく、省令児童福祉施設最低基準第九二条の九には、「肢体不自由児施設は医療法に基づく病院であること」とされているため、事実上不可能となり、やむを得ず養護施設として昭和四十三年に認可されたのである。[54]（傍点引用者）

しかし、その後まもなく、養護施設では現実的に職員の定数や子どもの実態にそぐわないため、厚生省は「肢体不自由児養護施設」という特例を局長通知で定め、宮城の要請を事実上受け入れたのである。

スタートした当初、宮城は女優と園長を両立させるために悪戦苦闘していた。つまり、舞台に立つ宮城は、離れている学園の子どもへの対応と、共演している俳優への配慮に懸命だったのである。後に、ねむの木の子どもの病気を気遣いながら舞台に立っていた頃を振り返って、宮城は次のように述べている。

> 自分の出番が終わると電話。私が出ているときはついているものが電話、衣装を着替えると、電話をかけた。

「ねむの木学園」開園式は 1968 年 4 月 6 日に行われた　写真提供：共同通信社

劇場に、ねむの木学園を持ち込んではいけません。これは、私の定めだ。女優の場だもの。まして、子どもの病気の状態がほかの俳優さんにわかっては、演技する気分にさしつかえる。[55]

ねむの木学園は、昭和44（1969）年で2年目に入り、子どもの数が一挙に50人になった。急遽建物もそれに見合うように増築しなければならず、3月に第2期工事を竣工し、4月に定員増の認可がおりた。当然職員も増員した。

（3）苦難の旅立ち

だが、周囲の目はまだ冷ややかだった。こ

うして2年目、50人に子どもが増えたとき、幼稚園と間違えられて、儲かるでしょうねと言われ、宮城自身「福祉」の現状を改めて考えさせられたと、後に述べている。

また、開設したものの、さまざまな障害をもった子どもたちを目の前にしたとき、自分の無力さに対して、正直、その場を逃げ出したいという気持ちにもなった思いを、次のように率直に告白している。

十二人のこども達に、初めて逢ったとき、脳性マヒということがわからず、ただ手とか足とかが動きにくいだけだ、と思っていたから、中にいた水頭症の子や、アテトーゼの子や、重度の知恵おくれの子に逢って、私にはできない、今すぐやめて東京に帰りたい、と思った。しゃべっている言葉もわからない、考えることもわからない、わっとせまってくるように感じた。

開園式の前々日、四、五日つづいた雨のため、おしめが山とつまれていた。脊椎破裂で下半身マヒの子のおしめだった。夜中、私はちょうど、帝劇の「風と共に去りぬ」が終わったばかりで、爪を長くのばし、真っ赤にぬっていた。風呂場で考えた。家庭用より少し大きいだけの洗濯機。女優の私には、下着以外いつも誰かが洗ってくれていたから、使ったことがなかった。とにかく、たった二人の保母さんは洗うのだから、私も、せめて初めの日くらいは、洗って友達になりたいと思った。

あとで笑われたが、ゴムの手袋をはめて洗うのだそうだが、それを知らないから、十歳くらいの子の大量のうんちを、何十枚も素手で洗った。正直、頭のてっぺんから足の先まで、気持ちがわるくて戦慄がはしった。それは、道ばたにある大きな牛や馬の排泄物より生々しく、私の手に、赤いツメに、べっとりとついてはなれなかった。おしめから、手でしごきとっては洗った。次のも、又次のも、私は、悲しいかな、このきたなさにたえられなかった。胃の中のものをはき出してしまい、涙いっぱいで。でも、明日から、保母さん達は洗うのだ。神様、お許し下さい。私はうそつきです。やさしくなんかありません。[56]

さらに、昭和46（1971）年のクリスマス・イブの日に職員の集団退職問題が起きた。それは、宮城の園長という立場を望まず、自分を園長にしてほしいという職員がいたようで、その願いが聞き入れられなければ、仲間の職員を連れて退職すると迫られた。結局、職員4名が退職した。宮城は、小ホールで死のうと思い3時間踊りつづけたが死ねなかったという。やがてプールサイドで泣いていたら、他の職員が寄ってきて手をにぎりあい勇気づけてくれた。[57]

もう一つ大きな問題があった。それは学園を運営するための資金の問題である。それに関して、宮城は次のように書いている。

公立の学校の場合、建築費や教員給与、教材費等、公費から出ますので、子どもや父兄には負担にならないけれど、（私立は、入学金や授業料等で成り立っていく）ねむの木学園の子どもたちからは、入学金や授業料をとることはできません。私学助成金のみなので、全部私の負担になります。そのため私は、もうれつに働いて、お金を入れなければ、学校がなりたって行かなくなりました。(58)

私立でありながら、生徒から一〇〇円の月謝も入らぬ学校の校長はお金もうけのための仕事で東奔西走。真夜中、東名高速道路を走り、学校へ――また、真夜中東名を走り東京へ、そこから仕事場へ。飛行機に乗り、日帰りの講演。障害児の教育の自由はこんなにお金がかかるのかと思い、つくづくつらく泣きたい日。でも、疲れるから神経が敏感になり、こまかなことに気がつくのだと自分をなぐさめる。(59)

（4）必死の勉強

もともと女優、歌手である宮城は、現実に子どもたちを前にして、ただいつまでも呆然(ぼうぜん)と立ちすくんでいるわけにはいかなかった。すぐその現実に立ち向かい、子どもたちを救うための必死の勉強が始まった。その一端が、次の宮城の言葉からうかがえる。

　私は、医学の勉強していないから、お風呂場や、お手洗いや、どこにでも専門書を置いておいて、役者の仕事が終わったあと、いっしょうけんめい読んだ。脳性麻痺について、言語訓練について、自閉症について、福祉六法も、お風呂場で。おもしろくないので、すぐねむくなるから、はだかで、水がお湯になり、あたたまるまで読む。[60]

さらに、本格的な勉強のためにアメリカに渡り、ニューヨークにあったマンハッタン・リハビリテーションセンターなどで学んだ。

とくに、宮城がペンシルベニア州のピッツバーグの小さな病院を訪れたときの、ある感動を鮮明に記憶しており、後に次のように綴(つづ)っている。

　あれは、ベトナム戦争の最後のころでしたね。大きな町くらいある巨大なカリフォルニア州立リハビリテーション・センターを見学し、一人の子のために十七人がチームを組むマンハッタンのリハビリテーション・センターを見て回ったあと、最後にペンシルバニア州のピッツバーグの小さな病院を訪れたの。夜の勤務を勉強したくて、五日間泊

めていただいたのね。（中略）

昼間少し寝て、夜、見学させてもらうわけ。そんな見学者はだれもいなかったけど。そこで体験したことは、看護の基本だと思う。（中略）大きな背の高い黒人の男性だったわ。

夜中の一時ごろだったと思う。一人の男の子の部屋に入っていったの。どういうことをするのかなって思ったら、おしめの交換だったのね。やさしい手つきですばやくおしめを交換すると、あたたかいお湯で濡らしたもので拭いてあげて、パウダーをはたいてあげた。ここまでは、普通だと思わない？（中略）そうなの、ここから私は驚いたの。

その子はまったく動けずに、お話も出来ないようなのね。その男性は、薄い毛布をかけなおして、両側に隙間ができないように、体に沿ってやさしく撫でてから、その子のほっぺたを触ったの。それで、「また、明日ね。おやすみ」って、おでこにキスをした。口がきけないらしいその子は、ただじっとしてた。

驚いたのはそれからなの。なんとその男性は、ベッドから部屋の出口まで、後ずさりしながら行ったのよ。（中略）

こどもに背を向けないで出て行ったの。その間、ずっとこどもの目を見つめてあげてたね。それでドアから出るときに、またもう一度「おやすみ」って声をかけてあげた。感動しました。

これは四十年近く前の話だけど、今、夜中に看護にきて、患者さんから目を離さないで後ろ向きに下がっていくなんて心のこもったことをやっている病院が、日本にあるかしら。感動したので、思わず彼を廊下へ追いかけて行って、「あなたはすばらしい人ね」って言っちゃった。(61)

この中で、この黒人の看護師の「患者さんから目を離さないで後ろ向きに下がっていく」行動に気づき、感動した宮城のすぐれた着眼とやさしい心に注目したい。ややもすると、見落とされてしまう一瞬の行為。それをしっかりと受け止める宮城の真摯な学びの姿勢と鋭敏な眼が、その後のねむの木学園の根幹を支えていくことになったのではないかと思う。

昭和47（1972）年3月に、宮城は全米肢体不自由児救護運動に招聘された。そのとき、ノーマン・アクトン氏からアメリカのリハビリテーションについて教えを受けている。そして、ロサンゼルス、サンフランシスコ、ニューヨーク、ピッツバーグ、ミネソタの各リハビリテーションセンターを訪ねたとき、宮城は福祉に対する日本とアメリカの関心の違い、それに伴う人的、金銭的支援の開きに、改めてそのギャップを感じずにはいられなかった。

一つ、一つ、立派な方にいいお話をうかがったのだけど……。うらやましいのは、各スクールやホームが、とても密接に大学と結びついていることでした。児童心理学者、ソーシャルワーカー、ケースワーカー、お医者様、理学療法士、作業療法士、言語訓練士と、大ぜいの人が一人の子のプログラムをくみ、一人の子に何人もの人が訓練をしていたことです。そのためか、送り迎えのお母さん達の安心した顔。アメリカのことだから訓練器具もたくさんあるだろうし、お金もたくさんかけているだろうと思っていましたから、設備ではびっくりはせず、かえって器具は日本の方が多いと思ったくらいでした。それより、教えている人の多さにうらやましさを感じました。(62)

あるえらい方が言いました。「まり子のところは、どのくらい国からお金が出ているのですか」。私は、二十人余りの職員の給料と事務費、四十二人のこども達の食費、衣類全部で、一日三万四、五千円くらいというのを恥ずかしくてためらったのですが、言いました。「ケタがちがっているのではないのですか」、そして「もっともっと、社会に訴えなければいけない。もっと国が援助するようにしなければいけない」と言われました。言われなくても、わかってる。あたりまえのことですもの。(63)

また宮城は、比較的小規模だが、ねむの木学園にとって参考になると思われる場所にも訪れている。具体的には、ドイツのベーテルとオランダのヘット・ドルプである。この二つの都市の印象について、次のように述べている。

ベーテルは、大きな市。障害を持つ子どもも、大人も、すべて同じように街の住民として住む街です。一八六七年、三人のてんかん患者のための部屋を、ボーデルシュビング博士が始めたのが、私が初めてうかがった小さな家が、「神の家」という名前、木の質素すぎる家が、忘れられません。（中略）

ベーテルは、宗教で支えられていましたので、もう、見渡す限りの十字架に、働く方のお名前と年齢が書かれてました。十九歳、二十歳、二十一歳と若く、昔、どのくらい苦しい仕事であったか、私は、身動きもできず、座っていました。淋（さみ）しいムードではなく、美しいコーラスが流れているようでした。

ヘット・ドルプは、ここにあった身障児センターのクラップワイク院長がテレビで二十三時間、国民に訴え、できあがったものです。すべて車いすの方でしたが、〃脊椎破裂〃とか、筋ジストロフィーで。考えることに、ハンディはない人なので、教会、美術館、ガソリンスタンド、スーパー、郵便局、交通公社、絵を描く部屋、木工の部屋と街の方と一緒に、仕事をしておられました。(64)

（5）国が動く

昭和48（1973）年4月12日に厚生省は次のような通知を発令した。これにより、肢体不自由児養護施設は公に制度として認められることになったのである。ねむの木学園創設から5年後のことである。

肢体不自由児養護施設の設置について（1973年4月12日児発第218号本職通知）

厚生省児童家庭局長

各都道府県知事、各指定都市の市長殿

肢体不自由児の福祉対策の推進については、従来から格別のご協力を煩わしている次第であるが、このたび、肢体不自由児施設等の医療機関に入所又は入院させて常時医療を行なうことを要しない児童で、家庭において介護することが困難なもの等の一層の福祉の向上を図るため、当面の措置として養護施設の種別に肢体不自由児養護施設を設けることとしたところである。ついては、これらの児童の特性に徴し、その設備及び運営の基準を別紙のとおり定めたので、これが設置及び運営にあたっては、その適正かつ円滑なる実施を期せられたく、通達する。

肢体不自由児養護施設の設備及び運営の基準

第一　肢体不自由児養護施設の性格。肢体不自由児養護施設は、上肢・下肢又は体幹の機能の障害のある児童（以下「肢体不自由児」という）で、かつ、原則として肢体不自由児施設等の医療機関に入所又は入院させて常時医療を行なうことを要しないものであって、適当な介護者がいない児童その他環境上養護を要する児童を入所させて、これを養護するとともに、独立自活に必要な知識技能を与えることを目的とする施設とすること。[65]

これにより、これまでの養護施設に加え、肢体不自由児養護施設が認められ、公立の肢体不自由児養護施設が全国につくられることになった。ちなみにこのときには、山口、大阪、北海道、長崎の4か所に設置することとなった。

またこの年から、以下の通知により、養護施設・肢体不自由児養護施設に入所した児童が高等学校へ進学する道が開かれることにもなった。

このときの職員数は次の通りである。

・園長　1名
・指導員　6名
・保母　13名
・看護婦　2名
・書記　1名
・調理　2名
・小学校教員　4名
・中学校教員　2名(66)

(6) 町の特殊学級併設と登校拒否

ところで、ねむの木学園は開園のときから、町の小学校の分教場を付設していた。現状の肢体不自由児養護施設は、あくまで厚生省の管轄(かんかつ)であり、宮城はそちらの園長ではあったが、分教場は文部省の管轄であり、意見を述べたくても一切口は出せなかった。

それについて、次のように当時を振り返る。

学園がはじまって、まだ、二年目の出来事が思い出される。そのころは、肢体不自由児養護施設の方の園長だけであったので、厚生省の管轄。だから、町の小学校、つまり文部省の管轄の方には、口が出せなかった。町の小学校から派遣されて来られる先生方は、私が、授業を見ることを、あまり好まれなかった。私が、女優であるからか、アマチュアであるからか、先生方のいやみを、時々耳にする。大声で、子どもたちを叱る言葉が耳に入る。[67]

　肢体不自由児養護施設ねむの木学園は、住むところでありました。（中略）町立の小学校から、先生が、二人来て下さいました。これが普通の授業であろうと思いながら、一人、一人、学年も年齢も違う子に、同じ教科書。私は、教室でも、クリスマスの発表会でも、学校行事は来賓でありました。[68]

　このように、管轄外で学校にはかかわることができず、「来賓」という立場だった宮城も、どうしても子どもたちのために、言わなければならないときがあった。

　私は園長ですから、教育には関係できないわけです。学校の教育方針があって、私は何も言えないわけ。私、とっても悲しかった。何でけんかしたかというと、学校の先生は夕方、お家に帰りますでしょう、だから夜中に、こどもが発作をおこしたことご存じないのです。夜中に発作のあった子が、朝、眠そうな顔をしていることを、先生は不思議に思わなければならない。

昨夜てんかんの発作がありました、と報告を受けたら、先生はその子に、あくる日はどういう教育をしなければならないかを考えなければならないのに、先生はまったく関係ない。普通校でも同じで、家庭で大変なことがあったので眠れなくて学校へ来て眠そうな顔をしていても、先生には関係ない。だから私は、朝、打ち合わせをするのです。でも先生は聞いていらっしゃらなくて、今、教えることを考えていらっしゃる。先生の悪口を言ってすみません。私は親の立場として、教えることの大変さに感謝しなければならないと思います。先生ありがとうございます（笑い）。[69]

ここでも宮城の、きめ細やかな子どもへの配慮の一端を見ることができる。先の「就学猶予」と同様に、1、2年で替わってしまう派遣されてくる教師の子どもの観方や、いっせいに同じ教科書で「教え込む」という伝統的な教育の本質的問題を、宮城は鋭くとらえていたといってよい。

そして、宮城が恐れていたことが、ある日ついに起こった。それは、100メートルも離れていない教室へ行くことを子どもたちが拒む、いわゆる登校拒否だった。

ねむの木学園の中に学校を併設したのは、子どもたちの登校拒否が続いたことも理由の一つにある。あの子たちは、前、教室と学校と百メートルも離れていない所で、登校拒否をした。ほんとうの病気か仮病か、学校の先生が見にくることができる所で、登校拒否をするのは、よっぽど勇気がいる。（中略）年男ちゃん、あきひろちゃん、なぜか、朝、熱が、三十七度五分とか、八度二、三分出る。

とても気になって、教室に行くのをやめさせ、学校を休ませると、すっと熱が引く。ずるしているのではないかと、何度、ナースが測ってみても、そうなる。あきらかな登校拒否の一つの症状である。この子は絵なら、五時間でもやっているのに。

私は、年男ちゃん、あきちゃんの登校拒否がはじまってから、しみじみ思った。やっぱり、一人ひとりのためこころくばりできる学校をつくらなきゃ、自分で私立の学校もたなきゃだめだな、と。[70]

また、あるとき宮城は、子どもたちが一生懸命描いた絵を、分教場の先生が焼却炉で燃やしているのを、脇から彼らがこっそり見ているのを目撃して、ゾッとしたという。彼女は、走り込み、焼却炉の火の中に手を入れて取ったとき、子どもたちのための美術クラブをつくることを決心したという。

こうした分教場併設時における、さまざまな問題が発生したことにより、宮城は、独自の学校併設に本格的に動き出したのである。

4　世界へのアピール——映画制作とテレソン

（1）映画制作の動機

昭和49（1974）年、宮城は映画監督としても活動を始めた。以降5本の映画を制作し、数々の賞を受賞し、世界的な評価を受けてきている。

①昭和49（1974）年「ねむの木の詩」
②昭和52（1977）年「ねむの木の詩がきこえる」
③昭和55（1980）年「虹をかける子どもたち」
④昭和59（1984）年「A Big Hand for All Children」
⑤昭和61（1986）年「HELLO KIDS !」

では、なぜ宮城は映画制作を考えたのだろうか。それについて次のように述べている。

> 福祉、福祉といわれ出した時、ばくぜんと感じたある恐れ、それは、この言葉が流行語になることでした。流行はかならずすたる、そんな不安感でした。
> 私が、「ねむの木の詩」という映画を、やっぱりつくろう、と決心したころです。本当のことをわかっていただかなければ、たった五、六年のつきあいだけど子ども達を美しいと感じることを、誰かにつたえたい、あわれみではなく、わかっていただきたいと。でなければ、流行での福祉は、なんだかおそろしいと感じたからでした。[71]

当時日本でも、政治家が公約として福祉を掲げるようになり、国民の間でも福祉への関心もしだいに広まってきていた時期であった。だが実際には、地に足がついていない、うわべだけの福祉への関心に対して、宮城は「恐れ」を感じていたのである。そのために映画を制作し、しっかりと世の中の人々に福祉を理解してもらいたいと考えたのである。

これ以外にも、宮城が映画を制作したいと思った背景に、彼女が理想の町と呼ぶオランダのドイツに近いアーヘムという町の、「ヘット・ドルプ」というハンディキャップをもつ人が暮らす村の存在があった。この村は、昭和38（1963）年11月、クラップワイク院長が、新しい身障者の村を建設する必要性を、テレビを通じて23時間訴えた。

そして、集まった270万ギルダをもとに、このヘット・ドルプがつくられたのである。現在ここには、教会、劇場、美術館、マーケット、ガソリンスタンド、郵便局、交通公社、そして数多くのアパート風の二階家が建ち並んでいる。

さらにもう一つの理由として、「ジョニーは戦場へ行った」という映画も、宮城に映画を撮らせる動機となったといわれている。(72)

(2)「ねむの木の詩」「ねむの木の詩がきこえる」

以上のような理由から、ついに1作目の「ねむの木の詩」の制作が、吉行も賛成してくれる中でスタートした。これについて、次のように書いている。

私は映画を撮るのははじめてで、こんなからだの不自由な子をまっぱだかにして走らせて、それもハイスピードで、そんなことを考えるから、天才でなくちゃいけないけど、職人でもなければいけない。

その子の退院を待った。小さい時の裸の美しさを残してあげたい。

そして、カメラは岡崎宏三氏に決まり、春、はじめての撮影が始まった。こどもたちのからだを考えて時々カメラを廻すことにした。

映画を撮りたいの、美しい映画です。淳之介さんは賛成してくれた。

その心を大切にしなさいって。

完成した。タイトルは『ねむの木の詩』。

一月三十一日、朝日講堂で上映である。なぜ、一月三十一日かというと、その日が締め切りで、文化庁の一年に十本だけ選ばれる文化庁優秀映画に通ったら、一千万円の賞金が出る。ぎりぎり間に合わせた一月三十一日。一番うしろの席でふるえている監督の私は、はなれた客席に座っている淳之介さんを見つけた。心配して見に来てくれている。

そして、障害児がきれいに力づよく撮れている映画は、拍手のうちに終わった。(73)

客席に座って観ていた吉行は、宮城にその感想を、〝やわらかな、うぶげのいっぱいある、桃の実のような映画だったよ〟(74)と書き送っている。その吉行の評価通り、この映画は、ヴァルナ国際赤十字映画祭で銀賞、文化庁優秀映画奨励賞を受賞した。なお、国際赤十字映画祭とは、赤十字社連盟と世界保健機関（ＷＨＯ）の共催。人道精神と健康をテーマに１９６５年に第１回がブルガリアのヴァルナで開催された。以後隔年に開かれ、毎回約30か国、約３００本が参加、ヒューマンな芸術性、記録性を競う国際映画祭として高く評価されている。(75)

また、宮城はこの1作目のこの映画を通して、次のように綴っている。

もっともっとこどものために小児神経科、循環器科、精神科、整形外科、聴力・言語・心理学者、そして、ただちに、必要なのは、理学療法士（PT）、言語訓練士（ST）、いっぱいいっぱいほしい。こども達は、ほんのささいなことで脳に障害を持ってしまったのですから。

そして、この仕事が、どんなに大切であるか、知って下さって、日本中にいるこども達が、理解され、このような仕事についてくださる若者が一人でもふえたら私のこれ以上の喜びはないのです。[76]

そして2作目の「ねむの木の詩がきこえる」は、同じヴァルナ国際赤十字映画祭において、スペシャルグランプリ賞をとり、その他ブルーリボン賞特別賞、日本ペンクラブ賞など、世界と日本で11もの賞を受賞した。

とくにこの2作目の映画では、宮城が言葉をもたない、やすひこちゃんに言葉の練習をしている場面が印象的である。宮城は、この2作目を制作する動機について、こう語っている。

「やっちゃん、あなた、なに考えてるの？」

一人ごとを声に出していいながら、誰も知らない、きくことのない彼の心のうちを、私は、私の感情で、表現したいと思いました。二作目、そのおそろしさを、思いきってふりきって、どうしても、私は、カメラをまわさせてしまったのよ。一人ぼっちのため、緑の世界を、目と感覚のみで感じて、私は映画つくりを、また、してしまったのです。(77)

クランクインは、ゴッホ美術館があるオランダのクレーラー・ミュラーであった。(78)それは、見渡す限り緑色の葉や幹や芝生と白い白樺林（しらかばばやし）との「沈黙の重さと想像の重さ」の中に、先の自閉症で言葉をもたないやすひこちゃんを、宮城がオーバーラップして見ていたからである。

この映画を観た専門家たちは、それぞれ高評価だった。

力強い愛のメッセージに心からお礼申しあげます。あなたの映画は、とても繊細で、私は、初めから終りまで泣きました。なぜなら、私たちの特別なこども達は、彼らのすばらしい美しさに、生き生きとしていました。これからも、たんなる専門家にならないでください、ありがとう。アグネス・マクティーグ

私達は、このもっとも感動的で忘れられない晩に対して、あなたとあなたの美しいこども達に御礼を申しあげます。あのような愛と創造力を持って、表現し、描かれた絵は、

映画は『すべてのこども達は、愛情や、表現や、希望ある未来を持つ権利がある』と考える世界中の人々に対する贈り物です。エマー・グローギン(79)

さらに、当時のカーター大統領夫人ロザリン・カーターや淀川長治も、次のような賞賛（しょうさん）のメッセージを送っている。

ホワイトハウスより　一九七七年四月二十二日。まり子さん、こどもさん達の作品と絵はがきとあなたの本を、私にプレゼントして下さってありがとう。作品は愛らしく、素晴らしく、皆さんにみて喜んでもらうために、私のホワイトハウスの部屋にかざりました。あなたの身体障害児に対する献身に、心から感動します。まだ、その分野でやらなければならない仕事が、たくさんありますが、まり子さんのような方がいられるとわかって、大変、心が休まる思いです。あなたのお友達ロザリン・カーター(80)

宮城まり子さんは六年まえからこの施設を静岡県の浜岡町でやっていらっしゃった。それは大変なことだと思う。あの小さなからだでと思う。

それが映画になった。この人の手で。私は見た。見てあらためて感服した。感動というほうがいい。

記録映画の固さがない。児童の綴り方の感覚である。そして宮城まり子園長の肌でさとった体験が映画のしんに美しい花の匂いをさえ感じさせた。花をこころといってもいい。

記録映画というものは、この施設が何年何月に設けられ園長は誰で指導員は何名で保母は何名でという形で這入りこむ常識を持つ。それはまずこの施設を知らねばならぬからである。そして常にそのことが記録映画を教材の活字の一頁のようなかわいたものにしかねない。

ところがこの映画は、知ってもらいたいのは、このたくさんの肢体不自由児だということと養護の苦心を見せている。それがこの映画の本当の目的たることは当然であろう。その当然がこれくらい美しく、しかもたしかな目とやさしい心で貫かれると、あらためて感服し感激し、どのシーンからも涙がにじみだすのである。淀川長治「生きることに涙した」(81)

(3)「虹をかける子どもたち」「A Big Hand for All Children」「HELLO KIDS !」

昭和55（1980）年、宮城は3作目の映画「虹をかける子どもたち」（英語のタイトルには「LOVE CAN MAKE A RAINBOW」）を制作した。これを、宮城は自ら〝シネエッセイ〟と呼ぶ。この作品は、ねむの木学園の子どもたちの生活を、とくに彼らが描いた350枚の絵を通して、虹を見るような美しさとやさしさと、そして一筋の悲しさを白く長いフィルムのキャンバスに描き出したものである。この作品もブルガリアのヴァルナで開かれた国際赤十字映画祭に、とくにその回は招待映画として出品した。この長編映画を観た映画監督ルーメン・グリゴーロフ（ディミトロフ賞受賞者＊）は、宮城への書簡の中で次のように書いている。

『虹をかける子どもたち』は「人間性を通じて、平和と友好へ」という、このヴァルナ国際映画祭のモットーと完全に調和しており、芸術という手段を通じて、私たちの、苦痛に満ちた地球に、多彩な夢の世界を、もたらすものであると信じます。(82)

この作品は、フランスの映画監督で「格子（こうし）なき牢獄（ろうごく）」で有名なレオニード・モギー監督が、

＊　ディミトロフ賞……戦後第一代のブルガリア人民共和国大統領であるゲオルギー・ディミトロフの名を冠した国家賞。（『わたしのソフィア』85頁）

1977年の冬亡くなったのを機にもうけられたシダラック賞を受賞した。他にも、イタリアよりアデライデ・リストリー賞も受賞している。これは、芸術的であり、文学性をもち、人間愛に満ちた作品に贈られる、映画関係者が選ぶ最も栄誉ある賞の一つであるといわれる。昭和59（1984）年3月には、ねむの木学園の教育を英語版で紹介したドキュメンタリー映画「A Big Hand for All Children」が4作目として完成し、さらに昭和61（1986）年には、5作目となるミュージカルファンタジー映画「ハローキッズ（HELLO KIDS !）」を、ベテランのカメラマン岡崎宏三や編集の沼崎梅子らと共に、ニューヨーク・ハーレムの子どもたちとの音楽やダンスを通じての友情を描いたミュージカルファンタジーとして制作し、1986年6月26日にハーレムのアポロ劇場でチャリティー試写会を行った。この作品も、ヴァルナ国際赤十字映画祭特別功績賞を受賞している。

（4）テレソン

一方、昭和50（1975）年3月20日、国際障害者年にちなみ、京都のリハビリテーションセンター建設のため、オランダ、アメリカに次いで日本で初めて京都テレビ（KBS）が企画したテレビマラソン、略して「テレソン」を行った。43人の園児たちと共に出演し、宮城は点滴を受けながら25時間の総合司会をつとめ、「福祉とは」を全国に向けて問いかけた。なお、昭和56（1981）年4月25日 京都のリハビリテーションセンター設立のため、2度目のテレソン「まり子の30時間テレソン」に出演した。そのとき子どもたちは、ミュージカル・コンサート・茶道などを披露している。[83]

このテレソンを実施した背景にも、宮城の中には、先に紹介したオランダのヘット・ドルプ建設のためにテレビを通して訴えた、クラップワイク氏の存在と行動があったと考えられる。このときの詳細な内容については、『なにかが生まれる日』（122～125頁）に記されている。学生、音楽家、福祉関係者、障害児をもつ親、代議士、落語家など、さまざまな分野の数多くの人たちがスタジオに駆けつけた。そして、彼らと「福祉のあり方」について真剣に議論したり、コンサートをした。電話も山ほどきた。その中には、宮城に対して「女優と福祉は両立するか？」といった質問もあり、それに対してはっきりと「両立させなければならない」[84]と、宮城は答えている。

また、討論会でも、宮城への風当たりは強かった。女優である宮城に福祉ができるのか、といった冷ややかな視線が向けられた。そのときのことを、同席していた当時、慶應義塾大学教授の村井実（みのる）（現慶應義塾大学名誉教授）は次のように証言している。

私がスタジオにかけつけたとき、福祉施設の人たちとの座談会のときでした。まるで新米の鶏が古株の鶏たちの中に入れられるとよくつつかれるように、宮城さんもそれに似た状況でした。ある施設関係者が、宮城さんに「なぜ身体の不自由な子どもたちに運動会をさせるのですか、それはひどいのでは」といった質問をしました。そのとき、宮城さんは「誰だって身体を動かしたいという気持ちはあるでしょう。私はその気持ちをかなえてあげたいのです。」と答えられたことが印象に残っています。(85)

この「動かしたいという気持ちをかなえてあげたい」ということから始められた運動会（後述）は、現在では全国から多くの参観者が応援に駆けつけ、毎年10月最終日曜日にねむの木村の広いグラウンドで、盛大に楽しく行われている。

宮城は、最初のテレソンのことを、次のように書いている。

私が25時間の間いちばんこわかったのは、自分が倒れるだろうかとか、うまく最後までできるだろうかとか、そういうことではなく、今まで〝ねむの木学園〟を中心に、考え、やってきた、福祉に対する私の態度、姿勢、そういうものが、もし、ずれていたらどうしよう、どんな状態になっても、どなたとお話をしていても、最後まで自分の信念を一本のすじとして貫き通せるだろうか、っていうことだったのです。だから、あの25時間は、私が、ありったけ、今の、ありったけで、私に挑戦した戦いだったと思います。

でもあの戦いは終わっても、今の私には、ボクサーの勝利者のように、たかだかと手をあげることはできない。そして改めて、ほんとうの福祉っていったい何だろうという素朴な疑問と、とっても大きな、前より大きな迷いが、私の心の中に残っています。

いったい、何であったのでしょう。私はまた、いちばん最初にもどったのでございます。(86)

(5) 絵画展の開催

昭和51(1976)年12月、初の美術展「ねむの木のこどもたちとまり子美術展」を東京・渋谷の東急百貨店にて開催して大盛況となった。

それは、宮城の「脳性マヒ障害児といわれるこども達だってなにかできる」ということを世の中の人々に知ってもらいたいという強い思いと、子どもたち自身に生きる自信をもってもらいたいという二つの思いからである。

熱がつづいて、痛みがつづいて、どうなるのか、神様にただ祈りっぱなしの子もいました。いろんな事がありました……。それは、現理事長として園長として、そこに命があるから、そこに住むこどもがいるから、そこに守る大人がいるから、もうやれない！　もう駄目！　をくり返し思いながら、今日まで、ようやく無事に来られました。そして、今年は、大それたことにこども達の作品を人様に見ていただける展覧会を開こうと思いはじめたのです。（中略）

脳性マヒ障害児といわれるこども達だって、なにかできるんだぞ……っていうことは、こども達に誇りと勇気を知ってもらいたいと思ったのです。[87]（傍点引用者）

昭和51年12月には、第2回「ねむの木のこどもたちとまり子美術展」を東宮御所（とうぐうごしょ）で開催した。さらに昭和52（1977）年4月には、第3回「ねむの木のこどもたちとまり子美術展」を、ニューヨーク・ジャパンソサエティーで開催し、4月18日、カーター大統領夫人の希望で、子どもの絵をホワイトハウスに2点購入され、カーター夫人より「あなたの身体障害者に対する献身に心から感動します。永遠に続く友情を持ち、日本とアメリカの友好のために尽くしましょう」[88]というメッセージを受けた。

この年だけでも、第2回から第8回まで、東京、福岡、名古屋と、国内で絵画展を精力的に開催している。とくに4月から5月に大阪・心斎橋（しんさいばし）そごう百貨店で開かれた第4回「ねむの木のこどもたちとまり子美術展」では、1週間で12万人の入場記録をつくった。[89]その後も、松山、札幌、横浜、大阪、京都など全国の都市で子どもたちの絵画展が開催され、常に盛況で反響を呼んだ。

親が面倒を見られず、考えることが遅く、身体に障害をもっているといった、トリプルのハンディキャップの子どもたちに対する人々の理解と関心の輪が大きく広がっていったのである。

5　学校法人ねむの木学園ねむの木養護学校の併設

（1）併設した理由

昭和54（1979）年、ねむの木学園は新たなスタートを切った。それは、念願であった私立ねむの木養護学校の併設であった。宮城が、養護学校併設に踏み切ったのにはわけがあった。それは、彼女の子どもたちが通っていた学校そのものへの疑問だった。それについて、宮城は次のように述べている。

障害のために両腕と両足で、ありったけのバランスをとって歩く子がいる。たかひろちゃん。ゆっくり歩くと倒れるから、走る。

その子が、運動会の前日、総練習の日に、最前列に並んでいるので心配だったが、学校教育のほうに口出しできないので、ただ、ハラハラして見ていた。

これは学校行事である。学園行事、学校行事と分かれている。見ていたら、「入場行進」って、いうときに、先生が、突然ふっとひらめいたらしく、「手をつないで入場行進」って、おっしゃった。

その言葉が終わらないうちに、私は、走り、すべり込んだ。

でも、間にあわなかった。手をつないだとたん、その子はバーンと前に倒れた。

両腕でバランスをとって走るように歩いている子が、手をつながれたら、前に倒れるのは当たり前。そして、気を失っていた。パッと抱き起こして顔を見たら、鼻とおでこに傷をしていた。

そのとき私は、先生にどなった。

「この子が、どんなに歩きづらい子かおわかりですか。手をつながれたら、倒れるにきまっています。どうぞ、それぐらいのことわかってください」

とてもこわかったけど、いっちゃった。（中略）

私、そのとき、すこしは子どもの障害を知っている人が、教育にあたらなければ、この子たちがかわいそうだと思った。(90)（傍点・引用者）

「手をつないで入場行進」といったその教師のひらめきの中に、〝仲よく〟ということがふと浮かんだのだろう。だがそこには、両腕でバランスをとらないと歩けない、たかひろちゃんへの関心と配慮は残念ながら含まれていなかった。つまり、仲よく見せるための方法としてとられた行為が、形にこだわったことにより、個々の子どもの実態をおろそかにしてしまったということである。一人ひとりの子どもへの配慮を何よりも優先して考えようとする宮城にとっては、本当に耐えられない場面だったことは想像に難くない。

（2）開校の日

昭和54（1979）年4月6日、ついに学校法人ねむの木学園ねむの木養護学校（小学部・中学部）が開校した。

【学校教育法第71条及び第72条の2】

盲・聾及び養護学校の目的（学校教育法第71条）盲学校、聾学校または養護学校は、それぞれ盲者（強度の弱視者を含む。以下同じ）、聾者（強度の難聴者を含む。以下同じ）又は精神薄弱者、肢体不自由者若しくは病弱者（身体虚弱者を含む。以下同じ）に対して、幼稚園、小学校、中学校又は高等学校に準ずる教育を施し、あわせてその欠陥を補うために、必要な知識技能を授けることを目的とする。[91]

これも、昭和43（1968）年同様、困難をきわめた。県庁では前例がないと断られ、文部省は受けつけてくれない。しかし、宮城は「その子その子の能力に応じた教育」を実現したいという強い願いのもとに根気強く同省に通った。

そして、3月25日に正式に認可がおり、4月6日に「学校法人ねむの木学園ねむの木養護学校」の開校式が行われた。そのときの心境を、宮城は次のように語っている。

四月六日、朝、七時まで、教室内の壁の絵の残りを仕上げ、看板を書き、掃除をしながら、とつぜん学校まで自分が手がけるのかと思うと恐ろしくて、恐ろしくて、今から、どこかに逃げてしまいたいと私は思っていた。

ガタガタふるえる私に、朝日新聞の辰濃和男さんがおっしゃった。

「まり子さん、寺子屋でしょう。塾でしょう、寺子屋でいいんでしょう。すると、慶応も塾だ。私学をつくるということは、今までの教育にあきたらないからやるのでしょう。自分の教育があるのでしょう？　建学の精神を持った人は、昔、福沢諭吉も、新渡戸稲造も、私学をつくった人は、自分の信念でやったのだから、きっと、今のあなたと同じようにこわかったのじゃありませんか」

このやさしくおっしゃった一言が、ああ、あんな偉い先生も、私学の最初は、こわか

ったのかと思ったら、つきものが落ちたようにすっと落ち着いた。(92)

宮城は、養護学校をあえて「オープン・クラス・スクール」と呼ぶ。彼女は、養護学校という名称に哀れみと暗いイメージをもっていた。そこにも、単なる彼女の主観の問題だけではなく、従来の養護学校のイメージを根本から変えたいという斬新な思いがあったと考えられる。また、このオープン・クラス・スクールは「無学年制」であり、それに関して宮城は次のように述べている。

> 無学年制。何歳は何年生というものを決めない、わがねむの木オープン・クラス・スクールは、十六歳でもひらがなしか書けない子もいるし、二十歳でも、まりこ、だけしか書けない子もいる。鉛筆の持てないまったく字を書くことのできない子が、何人もいる。10+5はできなくても、絵と日記で、一冊の本を持つ子もいる。
> ただ、ゆっくり、ゆっくり、育っている。(93)

ここにも、宮城の「その子その子の能力に応じた教育」の考え方の一端がうかがえる。職員も従来の30人に、新たに学校のための教員が17人加わった。

また、お祝いの席で、厚生省の来賓の方の、「5月1日から、20歳すぎても学園にとどまるよう法律が変わりました」という挨拶（あいさつ）を聞き、宮城は嬉しさのあまり、その場に倒れたという。これは、あとで述べる肢体不自由児養護施設から肢体不自由児療護施設へ変わることを意味していた。

ところで、この年は、折しも養護学校義務化の年でもあった。その歴史的背景には、全国障害者問題研究会（略称「全障研」）および障害者の生活と権利を守る全国連絡協議会（略称「障全協」）を中心とした10年余の運動がある。この運動が中心課題としたのは、重度の障害者に対する労働の場を保証する共同作業所づくりと、発達保証の観点からの養護学校義務制完全実施である。こうした動きに対して、文部省も腰を上げ、昭和44（1969）年には「特殊教育の基本的な施策の在り方について」という方針を打ち出し、また昭和48（1973）年には、ようやく就学猶予・免除体制解除への見解が示された。つまり、ここで文部省は、省令で、養護学校の就学義務・設置義務を昭和54（1979）年から施行することを決定したのである。そして、ついにこの年に養護学校義務制が実施された。

奇しくも、こうした年に私立の養護学校を併設することになった宮城は、次のように述べている。

> 始めてみて、一緒に生活してみて、あの子たちの教育を、町の本校の特殊教育の場としておくのはよくないと思いつめ、本当に思い切って、養護教育義務化の年、施設内に

私立の学校を併設したのである。

障害を持つ子も、近くのお友達の通う学校に通うことが方法としては私が楽であることは、よく知っているが、遠い養護学校に通うより、その子、その子の能力に合わせ、体力に合わせ、自由に勉強をさせてあげたいと願い、学校（小学部・中学部）を併設したのである。(94) ＊（ ）内引用者

（3）職能専門高等学院

昭和51（1976）年、宮城は独自に、中学校を卒業した子どもたちのための「職業専門高等学院」をつくった。

ねむの木職能専門高等学院というのは、ねむの木学園の食堂を改装した、義務教育を終えた子ども達が、仕事をおぼえて、なにかが出来る人間になるために、本当は、学校なんかの認可をもらっていない、けれど、素晴らしい小さな一部屋だけの高等学校です。

中学を出て、もっとからだがよかったら、働きに行けるけど、身体的にハンディキャップがあるため仕事をもつことが困難で、何か特別の仕事があるのではないかと私の考

えた、今年はたった、十四人の高校です。
国語も英語も数学もあるけれど、タイプをうつことや絵をかくこと以外に一番力を入れているのは、機織（はたおり）と、木工です。一本一本の毛糸を機織にかけて、トンカラリと織ります。[95]

宮城は、「職能専門高等学院」と看板を出し、中学を卒業しても、働く場所をもたない子を、傷つけまいと機織を教えたのである。なぜ無認可にしてまで、子どもたちのために職能専門高等学院という看板を出して始まったのだろうか。そこには、中学を卒業して工場に入っていった卒業生の現実の厳しさを、宮城自身十分知っていたからである。

それについて次のように書いている。

人は、私を笑うかもしれない。
そんなにしてまで、高等部に行ってもらいたいのかと。でも、私には、工場に行かせる責任はもてない。すでに、何人か、ねむの木学園を卒業して、出ていった子すべて、仕事のうえで自立はできていないから。[96]

（4）高等部の設立——可能性の広がり

小・中学部を併設して3年後の昭和57（1982）年に、高等部が設立された。小・中学部設立のときに比較すれば、書類などの審査進行も順調にいった。だが、宮城にとっては、「学校の精神の責任と、学校経営の資金の調達と、職員の確保は私にある。ずんと、また、重い荷物が背骨にひびいた」[97]というように、これまで以上に責任が彼女の双肩にかかってきた。「背骨にひびいた」とあるが、宮城はこの2年前に椎間板ヘルニアのため入院し手術している。それまでの疲労が一挙に彼女の腰を襲ったのかもしれない。宮城は、このまだ完治せず、いつ痛みだすかわからない腰を抱えながら、9人のための高等部を設立した。それについて、次のように述べている。

> 高校の生徒は、九人である。九人のための学校である。
>
> 高校は、なにをするところか、重い障害を持つこの子たちにどのくらい必要があるか？
>
> 全国養護学校長会で、「高校をふやしても、学力がついていかないのだから、極端な話、大人になる日までの吹きだめですよ」とある校長先生が、おっしゃった。

「職業専門高等学院」で学ぶ子どもたち。
手前が木工の作業で奥では機織を行っている

私は、心の中で、その先生をにらみつけていた。

でも、私は、高校という場所をかりて学校で、国語だけ、理科だけ、小学校三年生のクラスに入ってもいいじゃないか。つまりは十二年間を、ゆっくり、くり返し勉強すればいい、そう思うのだ。[98]

「大人になる日までの吹きだめ」といった校長と、「十二年間を、ゆっくり、くり返し勉強すればいい」といった宮城との、子どもを見る目と学校という場所の考え方の間に、いかに大きな教育に対する認識の隔たりがあることだろう。高等部をつくるにあたり当然、教室が必要となる。それもやがて整えられていった。

高等部のお部屋が、最後になりました。まだ、たくさん仕事は、残っているけれど、お部屋づくりは、終わりそうです。最初から、アコーディオンドアで、三つつづけて作った教室が一度も、ドアを開けられずに使われていた十二年間、ねむの木学園に、皆様のお力ぞえで、私立の養護学校（小・中）にしたとき、オープンクラスという部屋を作り、初めて織物と木工のため、ドアを開きました。とっても うれしかったけど、名前は、子ども達にはげみをもたせるため、職能専門高等学院などと名づけ、仕事を、学びはじめました。小、中の六年と三年、その九年間では、こども達は、勉強する日が足りません。ゆっくり、ゆっくり、あるく子ですもの、車いすであるく子ですもの。留年も、させましょう。名誉のため、私は、高等部新設にふみきりました。[99]

4月6日、小・中学部の入学式のあと、高等部の入学式を行った。宮城は、紺のブレザーに白いシャツを着た子どもたちを、けなげでかわいいという。その子どもたちの様子を微笑ましく、やさしく温かなまなざしで見ている。

車イスにのって、おされてはいってくる子、いっしょうけんめい歩いてくる子、返事をもたない子もお行儀よくしている。私は、お祝辞の言葉より、私をちらりと見る子どもを、いい子、いい子とほほえみ返す。ほほえみが返る。小さなミサが、ランドセルをしょって、名を呼ばれ、ハイと言った。型どおりの入学式のあと、高等部の入学式にはいった。無理して買った紺のブレザーに赤いネクタイの子、もう、いちばん上の人は、二十四歳だ。その中に松島君がいた。不安げだった。学校の先生はいない。[100]（傍点引用者）

「いい子、いい子とほほえみ返す。ほほえみが返る」――この言葉で、筆者が思い出される人物と言葉がある。それは、自身の生涯を貧児や孤児の教育に捧げたスイスの教育家ヨハン・ハインリッヒ・ペスタロッチー（1746〜1827）の〝応える愛（Gegen liebe）〟という、愛が愛を生むことを意味する言葉である。50歳を超えたペスタロッチーは、戦災で焼け出された孤児たちと寝起きを共にし苦労を重ねた。そして、自らも彼らと一緒に学ぶことにより、教育についてさらに考えを深めていった。そして、彼がそうした子どもたちと共に生活することによって最終的に知ったことは、〝愛が愛を生む〟ということであった。それまで頑なに心を閉ざしていた子どもたちもしだいに心を開き、ペスタロッチーの〝愛〟に応えるようになっていく。ペスタロッチーはそれを〝応える愛〟と後に呼んだ。宮城と子どもたちの関係から生まれた、この「いい子、いい子とほほえみ返す。ほほえみが返る」という〝ほほえみ返し〟の中に、〝応える愛〟の真実を私たちは見るのである。

これに関して、次に紹介する村井実（慶應義塾大学名誉教授）の、〝応える愛〟がこれまで教育で言われてきた「愛」とは異なるものであるか、という観点からの指摘は極めて示唆に富んだものであるといえる。

「教育」での「愛」や「教育愛」というのは、だれかが他のだれかや何かに打ち込むというような、普通の「愛」の働きを言うのではない。その意味で、かつての学校で先生方が熱く論議されていた、美しいもの、善いものに向かう「エロス（あこがれの愛）」の働きとも、あえて醜いもの、貧しいもの、弱いものなどに注がれる「アガペー（慈悲の愛）」の働きとも、はっきり区別されるものであろう。またそれは、「創造愛」「形成愛」「表現愛」等、教職の理想を芸術の域まで高めたい人々が強調してきた性質の「愛」の働きとも大きく違ったものであろう。私はいま、「教育愛」をめぐってなされた過去のそうした議論のどれにも、「教育」において働く「愛」が、そろいもそろって一方から他方に向かって注がれる「愛」の情熱でしかないかのように論じられていたことに、奇異の感を禁じえない。

私はむしろ、類まれな「愛」をもって「人にして神」と仰がれたというスイスの教師ペスタロッチーが、好んでGegen liebe（応える「愛」）という、私たちには珍しく聞こえることばを用いて「教育」を語っていたことを思い出す。おそらく彼は、子どもたちに注ぐ彼自身の「愛」もさることながら、子どもたちから返ってくるGegen liebe「応える愛」のすばらしさに、この上ない感動を抱いて生きていたのではなかったであろう

か？」[101]（傍点引用者）

翌年の昭和58（1983）年11月に、ひと足早い素敵なクリスマスプレゼントがねむの木学園に届いた。それは、大学の入学案内である。普通の高校であれば、数多くの入学案内が届くのは当然かもしれない。宮城は、何度も二つの大学（早稲田大学と筑波大学）から届いた入学案内を見て、心から喜びながら次のように書いている。

> 大学に行くことが、ただ、すてきじゃない、と思う。けれど、まったく閉ざされていた中学からの大学への道が、高校をつくったことでつながったのである。たった九人の高校生に届いた入学案内。（中略）
> 私は、ねむの木学園の子が、絵だけや、文章だけなら、入れるのになァと思いながら、「それだけが、入学試験ならねェ」と笑いながらやっぱりうれしかった。
> それは、大学に入るということでなく、あの子たちの可能性が、少しずつ広がって行くということである。[102]

十数年前、つまりひと昔前は「就学猶予」ということで、義務教育さえ受けることが難しかった子どもたちに、大学へ行く機会が与えられたのである。そこに宮城は、制度的な開放と子どもたちの可能性への広がりを強く感じていたに違いない。

（5）二つの時間割

小学部と中学部、そして高等部までつながったわけであるが、昭和58（1983）年の段階でのカリキュラム上[103]は106〜107ページのように多少内容が異なっていることがわかる。その理由としていくつか考えられる。まず当然のことであるが、小学部と中学部は義務教育段階であり、高等部は義務教育段階ではない。義務教育では、学習指導要領にもとづき教科・領域の学習の、いわば「しばり」があるわけである。それに対して、高等部は教科の時間はあるものの、普通科、商業科、電気科などのように、その高等部ごとに特色を出すことが可能である。ねむの木養護学校高等部のカリキュラムを見た場合、午前中の時間割の「織機（しょっき）・木工」「労働（農業）」といった内容を見てもわかるように、実践的なものとなっている。これは、職能専門高等学院のところでも述べたように、子どもたちがねむの木学園を卒業して仕事の上で自立してもらいたいという宮城の気持ちが、このカリキュラムに込められているように思われる。それについて宮城は、次のように述べている。

他の学校と同じように文部省のカリキュラムはきちんと守って、その方向の上で、自由に、その子その子の能力を引き出し、その子その子の将来を、その子のために考える手伝いをしたいと思う。ずいぶん、思いあがっている。

　こんなに生意気なことばかりいったけど、両方の胸に小さい子二人、腕に二人、手の先で二人と握りあい、足でさわり、頭の上で寝ている子の寝息をかぎ、文字どおり、子どもで十字架にされて寝てる私。[104]

　ねむの木養護学校は、カリキュラム通り、授業しているが、その子にむいた教科書を使っていること、又、できないと思われているダンスや、コーラスや茶道、文章、絵など、人前でお見せするチャンスにめぐまれ、外国まで展覧会で呼ばれ、ハンディキャップをもつ子が国際交流をさせていただいているが、日本の展覧会などで、できる子を選んで入園させているのでしょうなどといわれ困惑する。まったくそんなことはなく、何もできないと思われる子の、見えていない、またのぞきかかった能力を伸ばしてゆきたいと願うだけで、選ぶなんてことはない。[105]

　また、宮城は、できるだけ子どもたちが自由に過ごせる時間をたくさんとってあげたいと考え、次のようにも述べている。

オープンクラス

時間＼曜日	月	火	水	木	金	土	日
7:15～8:00	起床・健康チェック・ラジオ体操						
8:00～8:45	朝ごはん						8:15 起床 ラジオ体操
8:50～9:20	ホームルーム　検温						9:00～10:00 朝ごはん
9:20～10:40	工作 / ピックアップ訓練(PT・ST)	お仕度 / ピックアップ訓練(PT・ST)	礼儀 / 国語 / ピックアップ訓練(PT・ST)	社会 / 理科 / ピックアップ訓練(PT・ST)	音楽(高等部と合同) / ピックアップ訓練(PT・ST)	子ども会議(高等部と合同)	
10:50～12:10	算数 (そうじ)	茶道(道徳) (かたづけ)	職業家庭 (そうじ)	算数 (そうじ)	国語 (そうじ)	労働 (そうじ)	自分の好きなことをやる
12:15～13:40	昼ごはん(食後フリータイム)						
13:45～15:00	体育	訓練	美術	フリータイム	ダンス	子ども売店	自分の好きなこと(スポーツ等)
15:00～16:00	おやつ　フリータイム			おやつ　フリータイム			
16:00～17:00	視聴覚(良い番組のテレビ)	フリータイム		視聴覚(映画)	フリータイム	フリータイム	自分の好きなこと
17:00～18:30	夕ごはん(健康チェック・検温)						
18:30～20:30	風呂(男の子と女の子、一日交替、小さい子は毎日)						
20:30～	就寝　小さい子のためにまり子の読む世界の童話と歌 電動カナタイプ、絵、算数、国語、英語、理科、社会、ロック、ピアノ、新聞、読書、PT、ST等遊びを通して学ぶ。あくまで宿題ではない。その子一人一人の好きな学科。 (一応就寝は20:30、大きい子はそれぞれ22:30まで自由)						

高等部

<table>
<tr><th>曜日／時間</th><th>月</th><th>火</th><th>水</th><th>木</th><th>金</th><th>土</th><th>日</th></tr>
<tr><td>7:15〜8:00</td><td colspan="6">起床・健康チェック・ラジオ体操</td><td></td></tr>
<tr><td>8:00〜8:45</td><td colspan="6">朝ごはん</td><td>8:15 起床
ラジオ体操</td></tr>
<tr><td>8:50〜9:20</td><td colspan="6">ホームルーム　検温</td><td rowspan="2">9:00
〜10:00
朝ごはん</td></tr>
<tr><td>9:20〜10:40</td><td rowspan="2">織機
木工
ピックアップ訓練(PT・ST)</td><td rowspan="2">織機労働
お仕度
茶道(倫理社会)
ピックアップ訓練(PT・ST)</td><td>織機
木工
ピックアップ訓練(PT・ST)</td><td rowspan="2">織機
木工
ピックアップ訓練(PT・ST)</td><td>音楽
(オープンクラスと合同)
(芸術)
ピックアップ訓練(PT・ST)</td><td>子ども会議
(オープンクラスと合同)
社会
{倫理
経済</td></tr>
<tr><td>10:50〜12:10</td><td>職業
家庭
(ADL)</td><td>織機
木工</td><td>労働
(農業)</td><td>自分の
好きな
ことを
やる日</td></tr>
<tr><td>12:15〜13:40</td><td colspan="7">昼ごはん（食後フリータイム）</td></tr>
<tr><td>13:45〜15:00</td><td>体育
(保健)</td><td>訓練</td><td rowspan="3">美術
(芸術)</td><td>フリー
タイム
(クラブ活動)
(探求学習)</td><td>ダンス</td><td>校外実習
(商業)</td><td>自分の
好きな
こと</td></tr>
<tr><td>15:00〜15:30</td><td colspan="2">おやつ　フリータイム</td><td colspan="4">おやつ　フリータイム</td></tr>
<tr><td>15:30〜17:00</td><td>英語
国語</td><td>数学
理科</td><td>視聴覚
(映画)</td><td>フリー
タイム</td><td>フリー
タイム</td><td>自分の
好きな
こと</td></tr>
<tr><td>17:00〜18:30</td><td colspan="7">夕ごはん（健康チェック・検温）</td></tr>
<tr><td>18:30〜20:30</td><td colspan="7">風呂（男の子と女の子、一日交替、小さい子は毎日）</td></tr>
<tr><td>20:30〜</td><td colspan="7">就寝　小さい子のためにまり子の読む世界の童話と歌
電動カナタイプ、絵、算数、国語、英語、理科、社会、ロック、ピアノ、新聞、読書、PT、ST等遊びを通して学ぶ。あくまで宿題ではない。その子一人一人の好きな学科。
（一応就寝は20：30、大きい子はそれぞれ22：30まで自由）</td></tr>
</table>

小、中学部をオープンクラスにして、その子の、いいと思うところへ行く。クラスを大きく四つに分け、その四つをまた、二、三人、一人と分けている。制約された時間ではなく、あくまでも一応のめやすで、そのときの子どもの状態に合わせて、授業をすすめている。単位時間を知らせるチャイムも鳴らさない。学習集団は無学年制で、一応能力別編成を行い、その子に応じた教育をすすめている。集中感覚教育を志し、長時間集中する授業ができるようになったので、美術を三時間、国語二時間、道徳として茶道二時間、労働二時間、またときとして三時間の音楽を組みこんだ。長時間の授業を子どもたちは、楽しくやりとおすようになった。[106]

なお、現在の「特別支援学校ねむの木」のカリキュラムは次ページのようになっており、若干変更しているものの、基本的には大きくは変わっていないといえる。

週時間割

時間＼曜日	月	火	水	木	金	土・日
8:00〜8:50	朝食　登校					遅く起きて、ゆっくり朝食。
8:50〜9:10	(英語で朝の挨拶) 検温　健康チェック　ホームルーム					
9:20〜10:40	体育 (4〜11月) 算数 (12〜3月)	お仕度	調理	音楽	国語	午前中は、くつろいで。
10:50〜12:10	算数 (4〜11月) 体育 (12〜3月)	茶道 (礼儀) (生活常識)	農業	能力 (染色・織機・木工・花壇・ワープロ・パソコン)	社会 理科 散歩	絵を描いたり、勉強など。散歩、映画、文学館の茶室や美術館に、自由に過ごす。
12:15〜12:55	昼食					
13:00〜13:40	午後の支度					
13:40〜15:00	美術	PT (肢体訓練)	音楽	PT・ST 英語 子ども会議	ダンス	見たいテレビも見ます。(オリンピックなど。普段は見ません。)
15:00〜15:30	休憩(おやつ)					
15:30〜16:30	クラブ活動					
	(美術)	作業訓練 アトリエ	(音楽)	(視聴覚)	(ダンス)	

● この時間割は一応の目安です。そのときの子どもの実態に応じた指導をします。教科の枠にとらわれず、オープンエデュケーションの考え方で指導します。

6 さまざまな教育実践

（1） 美術の時間

最初に、学園の子どもたちの風船が「パチン」とはじけたのは、絵だった。

なぜ、宮城は子どもたちに絵を描かせ始めたのだろうか。それについて、著書『まり子の目・子どもの目』の中に、次のようなエピソードが載せられている。ある日、サン・テグジュペリの『星の王子さま』を教材に使って、ある絵の形を子どもたちに尋ねたら、思い思いの発想で答え、一人も大人みたいに「帽子」とは答えなかった。宮城は、その答えを聞いたとき笑い、「この子たち、絵はかけるわ。この豊かな発想は絵の世界。だれも大人みたいに帽子なんて、いわないもの。そして私は、本気で絵のクラブをつくった」[107]と書いている。この宮城のやさしい直感が、子どもたちの心を広く表現させることとなり、世界中の人々に感動を与えることになったのである。これに関して、元朝日新聞論説委員で「天声人語」執筆者であった辰濃和男（1930~2017、元朝日新聞記者のジャーナリスト、エッセイスト）は、その中で次のように述べている。

サン・テグジュペリは「おとなは、だれもはじめは子供だった。しかし、そのことを忘れずにいるおとなは、いくらもいない」と書いている。ねむの木の子供たちの不思議な絵は「そのことを忘れずにいるおとな」と子供たちの、ただならぬ結びつきの中から生まれたものだろう。[108]

子どもたちは、宮城の下で、自由な雰囲気の中で「ゆっくり」と絵を描いた。彼女は、子どもたちに、「ね、絵はね、こういうふうに描きなさいといわれて描くより、自分の心の中の感じたことを描いた方が、好いと思うのよ。色も、自分の感じた色でいいの。遊んでみようか」[109]と語りかける。

彼女は、子どもの絵は教えてはならず、ただ絵の美しさだけを受け取ってもらうことが大切だと言い、特別お手本を示したり、指導はしなかった。一緒に海に行き、摘み草に行き、生活を共にし、子どもたちが楽しんで絵を描きたくなる雰囲気をつくることだけを心がけたのである。つまり、子どもたちが、一人ひとり絵を楽しみたいという気持ちをだれでも持っている。だから、彼らのそうした欲求を少しでもかなえるための「お手伝い」をしてあげようと考えるのである。

プールに、壁に、ドアに絵をかきながら、子どもたちの絵心を、刺激してきたつもりです。塔に絵をかいているときも、プールにかいているときも、〝みんな、かこうよ〟と、誘いました。

「ウウン、こわいよ」

子どもたちは、しり込みをして、かきませんでした。でも、やっと、それから九年目の三回目の塔の絵のかき直しのときに、背のとどくところに小さな花をひとつずつ、かきました。

それ以後、美術クラブをつくったのです。子どもたちは、ねころがったり、坐ったりして、思い思いにかいています。

すてきな絵は、子どもたちのかいたものですけれど、私は九年間、刺激だけしてきたのです。手を入れたり、なおしたりしているんじゃないんです[110]

おえかきではないのです。私のは、美術なのです。美術の時間だから、絵をかくことはなく、話をする授業にかかわってもいいのです。

感性を刺激することにより、絵はいつでもかけますもの。その決められた時間でなく

美術を学ぶ子どもたち

てもいいのです(11)

宮城は、一緒に楽しく絵を描きながら、子どもたち一人ひとりの、それぞれの体力や能力に対して心くばりをする。たくさんの種類の紙や絵の具を用意して、アテトーゼで手が勝手に動いて用紙をはみ出す子には、点々で描く工夫に気づかせてやり、よだれで汚す子には、服にポケットをたくさん作ってあげ、ハンカチを何枚も入れてやることにした。こうした工夫が、子どもたちへの彼女の「お手伝い」なのである。

昭和54(1979)年、ねむの木学園に小学部・中等部が併設された年、やはり日本ではじめての「子ども美術館」が学園に誕生した。ここには、ねむの木学園の子どもたちの絵、約300点が展示されている。ときどき学園を訪れて子どもたちと一緒に絵を描いた画家、故谷内（たにうち）六郎は、これらの絵を「光芒と輝く星のごとく別の国から来たような美しい作品群」「祈りの合唱」と評したという。やさしい少女の顔、笑っている動物、伸びやかな植物、どれも生き生きとした温かい色彩で描かれており、現在では世界各国でこれらのやさしさが展示されているのである。

（2） 音楽の時間

音楽の時間も、はじめからゆっくりと進められた。宮城は、学園をスタートした当時の音楽の授業を次のように振り返っている。

子どもたちの声を初めて調べました。分教場の時のようにではなく、声のない子は器楽部に、音程の悪い子は、徹底的にドレミファの発声練習。

一九七九年の、私立ねむの木養護学校の音楽の時間は、一年間発声練習と課題曲〝大きな古時計〟一曲でした。そこで、子どもたちが、正しく発声出来る音と出来ない音をわけ、言語に障害のある子も、出来るところだけ歌うという、不思議な合唱団が出来上がりました。ソロを歌える子、全曲で一か所の子。それを子どもたちは、楽しくやりはじめました。[112]

ここにも、宮城の、一人ひとりの能力・体力を配慮した「お手伝い」としての教育の姿勢がうかがえるであろう。歌える子には全曲を、一か所しか歌えない子にもプライドをもたせて精一杯歌うことをすすめる、といったところに彼女の繊細な感性が働いている。彼女は、子どもたちの反射神経に刺激を与えることが大切であると考えて、通常のチャイムの代わりにロックのBGMを流したり、リズムボックスに合わせて、タンバリンでリズムの表現をさせた。さらにその反射神経を育てるために、音楽とダンスを結びつけ、子どもたちの体全体で表現させることを試みる。それは、子どもたちの心と体の解放を願う宮城独特のアイデアである。

音楽の時間に子どもたちと一緒に歌う宮城まり子

ピアニシモにするところは、私は、かがみこんでしまう。フォルテシモは、大きくダンスのようにからだをゆりうごかす。たのしい時は、踊りまくる。こども達の目は、私にぴったりくっついたまま、右に行けば右へ、左へ行けば左へ。私の全身を目と口に集中して一つになった心でうたうこの子たちの歌を、すばらしい、さわやかだと思う。(113)

宮城は、子どもたちのこうしてできたコーラスを、金のコーラスでも、銀のコーラスでもなく、心と心のつながりのコーラスと呼んでいる。さらに宮城は、楽器はいいものを与えたいという。それについて次のように述べている。

楽器は少しでもいいものを与えたい。見栄(みえ)ではない。お金がいるのではない。子どもたちには、やるのなら本物と出合わせてあげたい。そして、楽器を大切にすることにより、人にも花にも、鳥にも、やさしくなれると思うから。誰かに、教えてもらったんじゃなくて、木琴の、音を確かめてもらった幼時体験のせいだろうか(114)？

（3）道徳の時間

学校併設と同時に、道徳の時間が加わった。ここでは、集中感覚教育を志して、長時間集中する授業ができるようになっている。「（5）二つの時間割」で紹介した美術や音楽では3時間であり、道徳も2時間の集中授業となっている。だが前述した通り、授業というよりやはり生活なのである。とりわけ紹介する「道徳」は、そのよい例であろう。ねむの木学園では、毎週火曜日に、小、中学の子は道徳の時間として、四月から始まった高校では社会の倫理として、茶道が行われる。[115]

宮城は、茶道を取り入れた理由について次のように記している

> 茶道をとり入れたいと思ったのは、子どもたち――ねむの木学園以外の子どもたちも、〝いらっしゃいませ〟〝どうぞ〟〝失礼します〟〝お先に〟という、あいさつができない子が多いということが気になっていた私は、茶道で、最高にていねいなおじぎ、中位のおじぎ、会釈を、くり返し教えたかったのです。
>
> きちんと正坐の一時間。
>
> 秩序、お手前の作法、お運びさんをおきますが、落とすとわれるお茶碗を必死で運ぶ

神経の集中、ふくさのさばき、右手のきかない子は左手を主として、それに、口をそえる子も。

道徳を本の上で教えても、この子たち、横を向いているし、忘れちゃいますもの。今、お茶の時間は子どもたち、大好きです。[116]

右手の代わりに左手で。集中するということは、絵で出来上がっていたので、びっくりするほど早くおぼえました。「あの人に、何かしたい」この心は、子どもにも大人にも、何かなしとげさせるものだナ、と思います。三歩あるいたら、ころがるこの子は、両手にお茶碗を持ち、ありったけの集中力で私めがけて、歩いてきます。もちろん、ころんではおしまいですもの。[117]

ねむの木学園の子どもたちに、茶道を習わせたいと思ったのは、もうずっと前からである。十三年前から、働いている保母さんたちが、お嫁入り前の心得として習っていた、静岡市で茶道を教えていられる裏千家の間瀬礼さんにそのままひき続き、女性だけでなく、子どもたちに、学校の正課としてやってほしいと頼んだ。

それは、茶道をとおして、精神的なもの、情緒的なものにふれ、精神の集中をはかり、感謝、協力、責任、思いやり、清潔、整頓、けじめを耳できくだけでなく、からだをと

お点前をする子どもを見つめるお客様役の宮城まり子

おして家庭でも、学校でも教えたいことだったからである。(118)

これらの文章からもわかるように、宮城が茶道をとり入れた理由は、挨拶ができるように、集中力がつくように、そして何よりも、子どもの中に「あの人に、何かしたい」という気持ちがあり、それをかなえてあげたいということである。とくに、「あの人に、何かしたい」という気持ちが、子どもたちの中にあるという宮城の直感は、私たちが子ども、いや人間を見る場合の、最も注目すべき点であると考える。

【茶道見学 平成20(2008)年6月24日(火)10時40分~12時】

道徳の時間で行われている茶道を見学させ

てもらう。今日は小・中・高、のどかな家（現ねむの木学園感謝の心）の人たち全員で行うということである。指導者は、近くの住職の笛岡先生と助手（一人は学園でお茶を習っている先生）の先生お二人。笛岡先生は袴姿である。

まずお祈りが始まる。そのあと、笛岡先生が全員の出席をとる。これはとても大変なようにみえたが、でもなごやかな雰囲気で、全員がしっかり返事をしているのには感心した。

授業は、まず袱紗（ふくさ）の使い方から始まった。なかなか難しいが、できる人ができない人に教えている光景は、何とも微笑ましい。また、車いすの人以外は全員しっかりと正座しているのにも感心した。全員がよく集中して行っている。

やがて、袱紗のしまい方に入っていった。これもなかなか難しいが、みんなで教え合いながら楽しそうに行っていた。

その後、お茶の準備が始まり、お客様役とお点前をする人に分かれて行うこととなった。合同なので用意するのがかなり大変そうだったが、みんな協力し合いながら手際よく進めていた。「お点前をさせていただきます」から始める。車いすの人には、前に台をセットして取れるようにする。すべてが本格的で、静寂（せいじゃく）の中で一つ一つ進んでいく。「お先に」「どうぞ」「お下げします」という挨拶の中で、訓練と道徳を融合した授業が進んでいく。

まさに異年齢集団による学び合いの場であるといってよい。茶碗をお客様のところまで運んでいく。職員の人はできる限り本人の力で運ばせようとサポートする。また、いただいた後も、静かに全員正座している。これまでの成果が出ているように感じる。最後に「ありがとうございました」と全員が先生にお礼を述べて授業が終了した。

（4）運動会

ねむの木学園の学校行事の一つに運動会がある。毎年10月の最終日曜日に実施され、全国から多くの参観者が集い、温かな雰囲気につつまれながら楽しく行われる。先にも述べたように、運動会を実施した宮城は、ある施設関係者に「なぜ身体の不自由な子どもたちに運動会をさせるのですか、それはひどいのでは」と質問されたとき、「誰だって身体を動かしたいという気持ちはあるでしょう。私はその気持ちをかなえてあげたいのです。」と答えた。ここにも、ダメな子なんか一人もいないのであり、だれもがよく生きようとしているという、宮城の子どもの観方がうかがえる。

毎年、運動会の開催にあたって、宮城は自身の気持ちをパンフレットに綴っている。その中には、子どもたちへの思いが数多く語られている。その一端を紹介したい。

どんなに願っても、こども達は、はしりっこで日本新記録は出せません。三段とびもできません。かぎられた、身体的能力をふるにつかい、楽しさのあまり、とどきたさのあまり、医学的に考えられないような、成果が出ますように。いかにそれを美しく、りりしく、楽しく見せるかが私達のような仕事を持つものの、誇りであり、責務であるかと感じ信じます。こども達が、よりいっそう努力して、生きて行けるようお守りくださいませ。(119)

私は、こども達にやらせたいのでございます。人様の前で、何か自分のできるものを表現したとき、こども達はキラキラと輝きます。強くなってゆくように感じます。つな引きや、ボール入れは、とっくにあきてしまい、とうとう、ショーのような運動会です。全体演出は、校長がする、変な学校であるなと自分で苦笑してしまいますが、開会式から閉会式までの流れを、静と動をくみあわせ、色彩の統一をし、おまけにお金のかからないように、するのですから……。(120)

最初は、学校行事で、町の小学校の分教場であったころ、施設の長であっても、学校行事は、あいさつのみの私。宝さがしの痛々しさ、パン食い競走の哀しさ、あれは、あの時は、それでよかったのでしょうが、私学になり、すべてやめ、ショーの形をかりた運動会に、いたしました。(121)

これは、まだ浜岡町にねむの木学園があった頃の運動会の様子である。

午前10時半頃、運動会は、としみつ君の「ドーン」というピストルの音で始まる。子どもたちは、お兄さん、お姉さんと呼ぶ職員の人たちと共に入場してくる。園長宮城の挨拶や来賓の祝辞がすみ、やがて、やさしさの響きと呼ぶべき合唱——「幸せは樹のように」が子どもたちと職員全員で手話をまじえながら歌われる。私が初めてその歌声を聞いたときの感動は、今でも強く鮮明に記憶している。この歌は、「君は幸せですか　人を愛してますか　ハートの中をのぞいたら　ハッピネス　みえますか」という詩で始まる。子どもたちが、「幸せですか」「人を愛してますか」と元気に明るく私たちの心に訴えてくる。まるでその瞬間、私は、何かで心の中を強く叩かれたようだった。

やがて学園の子によって聖火が灯され、本格的に運動会が始まる。始まるやいなや、観衆はそのやさしさにつつまれたポエムの舞台に引きつけられてしまう。それは、ここにさまざまな見事な演出がなされているからである。その特徴は、第一に、その演出それ自体のすばらしさ、第二に発想の豊かさ、そして第三に子ども一人ひとりへの配慮の細やかさである。

まず第一の「演出のすばらしさ」について宮城は、ねむの木の運動会を、「運動会という名のミュージカルを運動場でやればいい」と考える。そこには一つの詩を読むようなある種のゆっくりとした温かな流れがある。宮城は、「演出」ということについて次のように考える。

運動会に演出はいるのかなとお思いになるかも知れません。けれど大きくなった子、幼なすぎる子の毎週2時間のダンス、3時間のお茶の時間、3時間の音楽の授業の成果を発表するには、まとめであるといつも思います。[122]

このように運動会は、ふだんの授業の延長線上で行われているのであり、「演出」もそれを参観者に楽しく見てもらうためのものという考え方である。そのきめ細やかな演出に支えられた内容は、一つの詩であり芸術であるといってよい。「光」という子どもたちと女子職員で行われるダンスがある。これは、子どもたちが自分の意志で「光」の希望の方向に手を伸ばしながら全身で演じるダンスである。ここには、流れるようなすばらしい詩的な演出が見られる。

第二は、「発想のユニークさ」についてである。その好例が「タップダンス」である。これは、平成7（1995）年の運動会で初めて披露された。子どもたちと女子職員合わせて総勢30名がセントルイス・ブルースのメロディーに乗って横一列に並んで、〝手〞で行うタップダンスである。この〝手〞という発想が宮城らしい。彼女はいう「足が使えなければ『手』を使えばいい」と。このすばらしい発想の転換、人の想像もつかない発想が、彼女の持ち味である。

運動会で子どもたちと女子職員がダンス「光」を踊る（1996年10月）

第三は、それぞれの子どもの状態に合ったやさしい配慮である。ねむの木学園の運動会は全員が主役であり、全員で創りあげる。そして、その子その子の体力に合わせた配慮がいたるところに見られる。たとえば、全員参加のリレーも、その子その子の体力に合わせて距離や方法が異なる。まわりの観衆は、子どもたち全員に同じように声援を送る。

宮城は「運動会は、美しく、人々の心の中に残るものでなければ」ならず、「アートの部分の多い教育法」[123]であるという。その一例が、運動会の午後の部のはじめに茶道のお点前の脇（わき）で、たかひろ君がタイプで綴る詩である。その一部を最後に紹介しておこう。

たかひろ
かぜも　しんとしずかに
ふいてきます。
おそらに　かかった　りぼんのしたで
おてまえをしています
やさしく　しずかに
おてまえをしています

たかひろ
ひるのたいようが
しずかに　おそらから
みんなが　おてまえをしています
みています
こころをしずかにしています

たかひろ
おちゃわんと　ちゃせんが
おはなしをする
やさしいおはなしが　こころのなかに
きこえてきます

たかひろ
おちゃわんのなかに
おちゃがはいっていく
おゆのおとがきこえてきます
やさしいおとが　きこえてきてしまい
ます
きれいな
おはなしが　きこえてきます
やさしい　おはなしが　きこえてきて
しまいます

7 肢体不自由児養護施設から肢体不自由児療護施設へ

先にもすでに述べたように、この昭和54（1979）年には、宮城が喜びのあまり失神してしまった出来事があった。それが、肢体不自由児養護施設から肢体不自由児療護施設へと変わったことである。

5月1日、従来の制度では、園児は20歳以上になると学園にとどまることができなかったが、新しい制度のもとで、何歳までもとどまることが可能になった。「1979年5月1日省令改正・児童福祉施設最低基準第68条の3」では、肢体不自由児療護施設は、「病院に収容することを要しない肢体不自由のある児童であって、家庭における養育が困難なものを入所させる肢体不自由児施設」[124]となっている。こうして、ここに「社会福祉法人ねむの木福祉会肢体不自由児療護施設ねむの木学園」および「学校法人ねむの木学園ねむの木養護学校」が併設する形で、ねむの木学園は新たなスタートを切ったのである。

いま、ねむの木学園は、厚生省管轄下の肢体不自由児（者）療護施設、そして、文部省の許可を得た、学校法人私立オープンクラススクール（養護学校）小、中、高と、二つの省とつながりを持つようになった。(125)

（1）こども美術館・図書館の創設

ねむの木学園の中に、こども美術館と図書館が完成した。これらは、浜岡町時代、学園の道路を隔てた真向かいにあり、そのまわりには、つつじ、れんぎょう、くちなしといった四季折々の花があたり一帯に植えられていた。宮城にとって、この美術館と図書館は誇りであり、町の人々と共に利用する共同財産であると考えていた。なお、これらの建設は、次の三つの資金、すなわち一つは宮城のそのときのありったけの資金、二つには映画の収益金、そして三つには企業「トヨタ自工」からの寄金によりできたものである。

当時、誕生したばかりの美術館を訪れた朝日新聞論説委員の辰濃和男は、『天声人語』（1979年4月8日）で次のように述べている。その一部を紹介したい。

誕生したばかりの美術館を見に行った。ねむの木学園の子供たちの絵、三百数十点が展示されていた。画家の谷内六郎さんが「光芒（こうぼう）と輝く星のごとく別の国から来たような美しい作品群」と評した絵だ。これこそ「祈りの合唱です」とも谷内さんはいう。踊る虫、笑う花、やさしい顔の魚。ここで描かれる虫や犬や果物はなぜ、これほどまでに生き生きとして人間的なのだろう。（中略）

サン・テグジュペリは「おとなは、だれもはじめは子供だった　しかし、そのことを忘れずにいるおとなは、いくらもいない」と書いている。ねむの木の子供たちの不思議な絵は「そのことを忘れずにいるおとな」と子供たちの、ただならぬ結びつきの中から生まれたものだろう。

子供美術館を訪れる町の子供たちは一枚のカードをもらう。それには「きょうのことを、こころにのこしておいてくださいね」とある。車イスの子が力をふりしぼって、一枚一枚、かなタイプで打ったカードだ。[126]

（2）谷内六郎と子どもたち

この文章の中に登場する谷内六郎（1921〜81）とは、素朴で温かみのあり牧歌的な日本の昔を思い出させてくれるような画家である。コラムニストの天野祐吉（1933〜2013。雑誌『広告批評』主宰者、マドラ出版社主）は、谷内を次のように評している。

忘れてはいけない人がいる。忘れてはいけない風景がある。僕の場合、谷内六郎さんとその作品がそうだ。谷内さんの絵と文は、〝郷愁〟とか〝メルヘン〟なんてものをスコンと突き抜けて、真っ赤な空に日本人の心の原風景を描き出す。いまぼくらが忘れてしまっている風景を、忘れてしまってはいけない風景として、谷内さんは描き続けた人だと言ってもいいだろう。[127]

谷内は、これまで「文藝春秋漫画賞」(1955年)や「第17回芸術祭奨励賞」などを受賞しているが、彼を最も有名にさせたのが『週刊新潮』の表紙絵である。まさにそれは、日本人が忘れかけていた心の原風景だった。

宮城は、昭和31(1956)年頃、この谷内に初めて出会った。谷内自身、宮城まり子のファンであったらしいが、「なんだか小さなときから知っているみたいだった」と宮城はいう。その後、学園に美術クラブができた頃から、宮城は、子どもたちを理解してくれる絵かきが、話し相手にほしくて、谷内をねむの木学園に招待した。そして谷内は、子どもたちと一緒に遊び、絵を楽しく描きながら、自らも癒されていた。彼は、子どもたちの才能を認めた最初の人でもあった。しかし、谷内も、昭和56(1981)年1月23日、ねむの木学園の子どもたちに惜しまれながら、59歳で世を去った。ねむの木学園の子どもたちは弔辞で、

ねむの木学園こども美術館のひとつ「どんぐり」

「いま雨が降っています。おじさんが天国へ行ったのでみんなが泣いている心が雨になったと思います。でもぼく、思うんだけど谷内おじさんはぼくの心の中で生きてる。」[128]と述べていた。

8 「ねむの木村」の誕生

（1）誕生までの軌跡

これまで紹介してきたように、宮城は数々の先駆的な仕事を成し遂げてきたわけである。そして、宮城は、これまで以上の大きな夢を実現した。それが、福祉の里「ねむの木村」づくりである。それは突然思い立ったことではなく、すでに宮城は、『ねむの木の子どもたち』（1973年）の中で、その夢を次のように記している。

耳のとおい横田のおじちゃんと、言葉のあまりない成君。夕方、松とねむの木にかこまれたねむの木学園の門のところで、車に乗った成君と、それを押すおじちゃんを見ると、ああ、あそこに幸せがあると思う。[(129)]

この中に出てくる「横田のおじちゃん」についても、宮城は後に次のように説明している。

ある知恵の遅れた子の働く工場に勤めていたけど、そこの社長が、悪くない子どもをひっぱたいたり、けったりしたので、けんかしてやめて、会社に勤めていた。けれど、やっぱり子どもが好きで、ねむの木に働きたいと言ってきた。やさしそうなおじちゃんだった。会社よりもすこし給料はやすいそうだけど、子どものいないところより、ここで働きたいと言った。おじちゃんは、横田さんという。[130]

おそらく宮城は、ねむの木学園開園当初から、こうした障害をもつ子どもと大人が一緒に生活できる、まさに「幸せがある」場所をつくりたいという思いがあったのであろう。その夢は、私立養護学校を併設した頃（１９７９年）からさらに大きく膨らんでいった。その思いを当時次のように述べている。

風と風とのあいだの、静かな、ほんの小さなすきまをみつけながら、鳴らない笛も鳴らしたい。きちんと暮らし、正しい教育を受け、花を植え、野菜をつくり、絵をかき、美術館を守り、図書館を役立ててもらいたい。工場をつくり、やがて結婚する子のために家を建て、農作物の育たない砂地を豊かにし、健康な人も、ハンディキャップを持つ人も、一人ぼっちの人も、ともに守り、ともに生きる。福祉は文化である。教育である。

私は、権利と義務をあわせ持ち、すてきな街をつくりたいと夢みる。[131]（傍点引用者）

さまざまな人が「ともに生きる」ところ、それがねむの木村である。宮城は常日頃から、「福祉は文化」だという。つまり、福祉が進んでいる国は文化のレベルが高く、そうでない国は低い。だから福祉のありようが、その国の文化の水準を表しているというのである。

ところで当初、宮城は美しい砂丘のある浜岡町に、ねむの木村をつくることを考えていたようである。それは、次の内容からもわかる。

この子ども達が大人になる時、一日も早く「ねむの木学園」のそばに、彼と彼女のための結婚して住む家をたて、マーケットを建て、郵便局をつくり、そして、美しい砂丘を守り、街の人々を迎えいれて、共に生きて行けるようになりたいのです。[132]

では、なぜ浜岡町ではなく、やや内陸の掛川市の山間部にねむの木村をつくろうとしたのか、それにはいくつかの理由があった。一つには、浜岡町の学園の建物が白アリの被害を受けて、いつ崩れてもおかしくない状態になったということであった。もう一つには、学園の近くに浜岡原子力発電所ができ、その一号炉、二号炉、三号炉……と建設が進むうちに、宮

社会福祉法人「ねむの木福祉会」と学校法人「ねむの木学園」が運営する施設の総称を「ねむの木村」（掛川市）という

城が「砂丘をつぶして道路をつくる」ことを知ったということがあった(1-3)。

しかし、もっとも大きな理由は、宮城が子どもたちの将来の幸福を真剣に考えていたということである。それは、次の文章によく表れている。

ねむの木で生活し、ねむの木高等職能専門学校で仕事を覚え、帰る家をもたない子のため、ねむの木村をつくります。

そのとき、もしも、その子が、結婚という素晴らしいことに出あったら、また、結婚できなくても、部屋のインテリアを、覚えさせたい。お客を、一人でも、二人でも迎えることができるようになって、豊かな生活の自立よね。仕事だけじゃなく、人間が人間として豊かであるために、

ほんとうに、たった一パイのおいしい紅茶のいれ方も、知る必要があると思うわ。(134)

そして、昭和59（1984）年、生涯学習都市を全国に先駆けて宣言した同市の山間部に広がる83万平方メートルの土地を見つけた。だが、ここでも順調には進まず、さまざまな困難が待っていた。具体的には、農地転用の手続きにかなりの時間がかかり、また学園予定地の地質が思いもかけず岩盤で予算の不足が問題となり、彼女は30年返済の約束で医療事業団から8億円の借財をした。

（2）日本の「ヘット・ドルプ」をめざして

そうしたことも、やがてようやく目途がつき、ついに平成6（1994）年、「ねむの木村」建設に向けて本格的に着手し始めた。とくに、宮城が今回力を入れたことは、お年寄りの入れる身体障害者療護施設であった。1月、掛川市上垂木に「ねむの木村」の第1期造成工事の起工式が行われ、翌年9月より建造工事が着工された。平成9（1997）年に身体障害者療護施設「ねむの木のどかな家」が開園、やがて平成11（1999）年5月15日、こども美術館や、障害者たちがつくった毛糸や雑貨を販売する店、作業体験の場となる喫茶店などの施設を備えた「ねむの木村」開村式が盛大にとり行われた。

だが、「ねむの木村」が完成したこの時期は、宮城にとっては、あるいはもっとも辛い時期でもあったに違いない。それは、40年間心の支えとしていた最愛の吉行淳之介がユートピアとも呼ぶべきこの新しい村を見ることなく、平成6（1994）年7月26日に他界したからである。吉行は、本の著作権を宮城にまかせ、彼女を喪主にと遺言をして旅立った。

> 七月二十一日に移った聖路加国際病院で、十八日の虎の門病院での採血の結果を初めて知った時、私は驚いた。もういつ淳之介さんに急変があってもおかしくない数字だったのだ。それから三日もたっている。全身から血が引いて行くのを感じた。
>
> そして六日目、淳之介さんは「まりちゃん」というやさしい言葉を残して息を引き取った。美しい顔をしていた。[135]

夢がもうすぐ実現するという、うれしいスタートが、宮城にとって辛い村の出発となった。

> 淳之介さんが逝ってしまって、掛川の工事がはじまった。私もねむの木学園にゆくようにした。淳之介さんが私から逝ってしまうといれ代りのようにバブルははじけた。
>
> 「止めるなら、今ですよ」私のことを心配してくれた職員がいった。

「今ね、今がやめるチャンスね。でもさ、今、やめたら卑怯じゃない。今だからやるの」私は答えた。

かかりっきりで、職員が一人、学園の建築の事務をやった。その代りを他の職員がやった。みんなやった。みんなやった。

ねむの木のどかな家、ねむの木学園、ねむの木オープンスクール、職員の寮、そして春、一九九七年五月二十五日、引っ越しをした。(136)

宮城は、京都伝統建築技術協会理事長の中村昌生（まさお）の設計により、その支えであった吉行淳之介の文学館を1999年5月15日開館した。なぜここに建てたかは想像に難くない。それは、いつも最愛の人がそばにいるということであろう。

ここに吉行淳之介文学館を建てたいと思ったのは、後ろが、六百年以上はそのままの形の、切り取ったような崖で、いつの間にか雑木がそれぞれ大木になり、その木の持つ葉の色は、それぞれに競い合い、一本一本色を変えて、それは美しい。この切り立った木の屛風を後ろに、淳之介さんの文学館がほしかった。(137)

宮城の大きな夢が、また一つ実現した。やさしさと誇りに満ち、身障者たちが生きる権利

1999年5月に開館した「吉行淳之介文学館」

を貫き、同時に義務も立派に果たすことのできる、いわば日本の「ヘット・ドルプ」が完成したのである。

先にも述べたように、宮城は、「福祉」と書いて「文化」と読みたいと、よく話すことがある。それは、文化程度の高い国ほど、福祉レベルも高いからである。わが国の福祉も、「文化」と真に認められる日が、こうした活動を一つの契機として、一日も早く訪れることを願う。

だがそれは、今後いくつかの険しく高い山を越えなければならないのかもしれない。その一つとして、「障害者自立支援法」である。宮城が再び難題と戦っていたものが「障害者自立支援法」である。

「障害者自立支援法」とは、「障害者及び障害児がその有する能力及び適性に応じ、自立した日常生活又は社会生活を営むことができる」ようにすることを目的とする日本の法律である。従来の制度と比較して、「障害に対する継続的な医療費の自己負担比率が、0.5割から1割に倍増した」。狙いは、「少子高齢化社会に向けて従来の支援費制度に代わり、障害者に費用の原則1割負担を求め、障害者の福祉サービスを一元化し、保護から自立に向けた支援」にある。「平成17年（2005）年10月14日、参議院本会議を通過。同年10月31日、衆議院本会議において自由民主党、公明党の賛成多数により可決、成立」した。そして「平成18（2006）年4月1日に一部施行され、同年10月1日より本格的に施行された」(138)。

しかし、公式に表明されているこの法律の狙いとは異なり、急激な制度変化によって、障害者福祉の現場に問題が発生している。そのため、現場では「障害者自立『阻害』法」「心中支援法」などと批判する声もあり、現在見直しがなされている。このことについて宮城は、東京新聞の掲載記事の中で、その苦しい思いを次のように語っている。

今、ねむの木学園のような、施設っていうのは、大きな波の中で揺れてます。障害者自立支援法という法律ができて、二〇〇六年には、施行されたの今、少しずつ見直しがあっているようよ(139)。

厚生労働省の（障害者）自立支援法も、心の中で、ねむの木学園を始める前、こうなるように（税金を払える障害を持つ人）願って始めたのだから、その法は本当に願いにかなうものなのだけど、福祉のヨーロッパの歴史と支度のない日本で、私立のねむの木学園は、風に吹っ飛んじゃうみたいに、心がずたずたになります。[140]（傍点／はじめの（　）内引用者）

障害児支援の見直し検討会というのがありました。私は、傍聴席に座らせていただきながら、ふと思い出しました。二十七年前に書いた、NHK出版『戦支度（ママ）の日々』のあのページを。

私はいつも思うのです。厚生省と文部省と、そして労働省が、一つの同じ窓口を持った時、日本は、すてきな福祉国家になるだろうなと。（中略）

税金を、払うことが、国民の義務であるなら、なんと、誇らしいことでありましょう。彼と彼女は誇りに満ちていました。ねむの木学園のこどもも、文化的な仕事をして働いて、本当の意味の村になるの。

私ね、今年で丸四十年、ねむの木学園を努力しました。ありったけでね。でも本当を言うと今、つらい。一番つらい。世界恐慌の時に生まれたんだから、今、つらくて当たり前ね。[141]（傍点引用者）

宮城は、「支度のない日本」を憂い、私立ねむの木学園の行く木を想い、「心がずたずたになります」といい、「一番つらい」という。

そうした中で当時、宮城はグループホーム（group home）建設の実現をめざしていた。グループホームとは、病気や障害などで生活スキルの欠如のある人たちが専門スタッフらの援助を受けながら、小人数で一般の住宅で地域社会に溶け込みながら生活する社会的介護の形態である。共同生活援助という言い方もする。ヨーロッパから始まった、障害者解放運動、ノーマライゼーションの一環（いっかん）で、精神障害者、知的障害者を社会的な隔離（かくり）施設から解放しようとする脱施設の動向が、患者、高齢者、要養護の児童にも拡大されて、広く浸透してきたものといわれている。

最も典型的なタイプとしては、施設ではなく住宅であることを重視し、擬似（ぎじ）家族的あるいは里親的に生活を送るグループホームがある。介護援助サービス企業が設けたもの、障害者グループが自ら自立生活をめざして共同生活に踏み切り、ボランティアを募ってその人たちの援助で生活するものもある。

このような変革の中、ねむの木学園の子どもたちと宮城は全国で絵画展を開催し続けた。とくに2004年10月に起きた新潟県中越地方を震源として発生したマグニチュード6・8の、いわゆる新潟県中越地震で被害に遭（あ）われた人たちを励ますため、新潟伊勢丹で「ねむの木の子どもたちとまり子美術展」を開催する。後日、山古志（やまこし）村にネムノキが植えられた。

平成19（2007）年4月には、学校教育法の改正を受け、「ねむの木養護学校」を「特別支援学校ねむの木」に変更した。この法律は、平成17（2005）年12月に取りまとめられた中央教育審議会答申「特別支援教育を推進するための制度の在り方について」の提言を踏まえ、学校教育法等を改正し、現在の盲・聾・養護学校の制度から、複数の障害種別を対象とすることができる特別支援学校の制度に転換するとともに、特別支援学校の教員の免許制度を整備し、また小中学校などにおいても特別支援教育を推進するための規程を法律上明確に位置付けることなどを内容とするものだった。

平成18（2006）年6月に「学校教育法等の一部を改正する法律」が成立し、平成19（2007）年4月より施行された。ちなみに、特別支援学校ねむの木の「時間割」は145ページのようになっている。（ホームページより引用）

84歳になった宮城は、コンサートや絵画展、さらには講演と、子どもたちと共に精力的に活動していたが、平成23（2011）年1月に、自宅で転倒し腰椎を骨折して入院した。ねむの木学園に高等部を設けたときも椎間板ヘルニアで入院したことがあったが、それから数十年が経過し、80歳を過ぎた宮城の体の限界は予想を遥かに超えていたと考えられる。

しかし、宮城は、退院後再び子どもたちと共にコンサート、美術展を全国で実施していった。その成果が認められ、平成24（2012）年に瑞宝小綬章を受章している。そして、自らも同年11月には、銀座ヤマハホールでシャンソンを歌い、歌手活動を30年ぶりに再開し、その健在ぶりを見せ周囲の人たちを安心させた。

平成29（2017）年7月、ねむの木学園の理事でもあり、長年宮城を支援してくださっていた日野原重明（1911〜2017）聖路加国際病院名誉院長が死去した。7月29日、青山葬儀場にて美智子皇后陛下の弔辞に続き、宮城まり子園長がお別れの言葉を述べた。宮城はその中で、「63年のお付き合いでした。優しい人でした」と哀悼の言葉を述べていた。

その年10月22日、第49回ねむの木学園大運動会は、台風21号の影響で初めて屋内体育館で開催した。学園始まって以来のことだった。それにもかかわらず全国24都府県から600名の人たちが応援に駆けつけた。宮城は、「『やさしくね』を、子どもたちとお客様が手をつなぎトラックを歌いながら大行進、大きな拍手・感動の声をいただいた」と感謝の言葉を述べている。

平成30（2018）年4月6日、体が不自由な子のための養護施設として昭和43（1968）年に開園した「ねむの木学園」（現在は静岡県掛川市）が50周年を迎えた。このとき宮城は91歳を迎えていた。

この日は創立記念日であり、学園では始業式が開かれ、身体障害や知的障害があり園内で暮らす4〜78歳の約70人を前に、宮城が「ねむの木学園、50周年の誕生日おめでとう。みんなの元気な姿を見られて胸がいっぱいです」と挨拶した。式には、職員も含め約100人が出席した。

特別支援学校ねむの木　週時間割

時間＼曜日	月	火	水	木	金	土・日
8:50〜9:10	検温・健康チェック					ゆっくり 起床
9:20〜10:40	体育	お仕度 茶道 （礼儀） （生活常識）	調理	音楽 能力 （織機・木工・花壇・PC）	国語	自由時間 自由勉強 運動、 敷地内散歩
10:50〜12:10	算数	農業	農業		社会 理科 散歩	
12:15〜12:55	昼食					昼食
13:00〜13:40	午後の支度					くつろぎの 時間
13:40〜15:00	美術	言語、 機能訓練	音楽	機能訓練 英語 子ども会議 （3週に1回）	ダンス	
15:00〜15:30	休憩（おやつ）					DVD、 TV鑑賞 音楽鑑賞 文学館 美術館 散歩
15:30〜16:30	クラブ活動					
	（美術）	作業訓練 アトリエ	（音楽）	美術 [illegible] 工芸 ガラス	（[illegible]）	

●この時間割は一応の目安です。教科の枠にとらわれず、常にこどもの実態に応じた指導をします。

腰痛のため普段は車いすに乗ることが多い宮城だが、職員の助けを断って一人で歩いて式(しき)壇(だん)に向かうと、出席者から拍手が湧き起こった。宮城が挨拶を終えると、出席者が歌を歌い、車いすに乗った男性が50本のバラの花束をプレゼントした。その後宮城は、これまで子どもたちと歩んできた50年間を次のようにやさしく、そして強く語った。

この50年、「何もしてあげられていないのでは」と無力さを感じるたびに運営から手を引こうと思った。でも、できなかった。「子供たちが私を愛して、私も子供たちを愛しちゃったから」(142)

5月31日～6月1日には、ねむの木学園50周年記念で、みんなで[illegible]の遠足に出かけている。宮城は平成31（2019）年4月に肺炎のため入院し、それ以降あまり体調が思わしくなく、入退院を繰り返しながらも、変わらないねむの木の子どもたちへの強い愛情を糧(かて)として仕事に打ち込むという生活を続けていた。

令和2（2020）年2月初めに体調の急激な悪化が見られ、掛川市内の総合病院に緊急入院した。間質性肺炎との診断だった。その後、20年ほど前に患(わずら)った悪性リンパ腫の再発が疑われるとのことで、かかりつけであった東京の医療機関に転院し、抗がん剤の投与などの治療が行われた。医師たちの懸命の処置にもかかわらず、午前6時55分[illegible]息を引き取った。

「ねむの木学園」創立50周年を記念する春の遠足に出かけた宮城まり子

ちょうど満93歳の誕生日だった。

3月21日夕方、学園で子どもたち・教職員へ、「お母さんがお空にお出掛けしたよ」と悲しい報告をした。上皇さま、上皇后さまより、宮内庁を通じてねむの木学園に弔意をいただく中で、お別れの会が27日、静岡県掛川市の同学園で開かれ、職員と園生計約150人が死を悼(いた)んだ。同学園によると、お別れの会では、宮城が好きな色だったというピンク色のバラが供えられ、全員で歌を歌って別れを告げたという。会終了後、祭壇(さいだん)と献花台が近くの吉行淳之介文学館に移され、一般の弔問を受け付けた。

4月6日、令和2年度始業式を行う。式の後、まり子先生、(遺影(いえい))と一緒に学園玄関前で恒例の記念撮影を行った。5月26日、(故)宮城まり子元ねむの木学園理事長が従五位(じゅごい)の位（くらい）を授与された。

以上、宮城まり子の生い立ちと、ねむの木学園のあゆみを見てきた。

ここで、第一に気づくことは、一般的には必ずしも長いとはいえない52年という学園の歴史の中に、実にさまざまな開設をめぐる困難があったということである。

第二は、一人の人間の力と情熱が、いかに多くの人を動かし、法律まで変えるかということである。宮城まり子園長は、これまで教育・福祉活動面では、吉川英治文化賞（１９７３年）、ヘレン・ケラー教育賞（１９８８年）、辻村教育賞（１９９１年）、エイボン女性大賞（１９９１年）、叙勲瑞宝小綬賞（２０１２年）など27の賞を受賞し、文化活動面では、文化庁最優秀映画賞（１９７４、80年）、芸術祭賞（１９８９年）、東京都文化賞（１９９３年）、児童文化功労賞（２０００年）など21の賞を受賞している。

このように福祉や教育に関する賞を数多く受賞したが、その中でも宮城は、平成４（１９９２）年に広島大学教育学部から授けられた「ペスタロッチー教育賞」を格別に嬉（うれ）しいという。そこには、貧児・孤児の教育に生涯を捧げ、最後まで子どもたちを愛し、信じ、そして家庭的なやすらぎの場としての学校をつくったペスタロッチーのあゆみと、宮城自身のねむの木のあゆみとが、まさに重なり合うからであろう。

宮城は、このときの様子をペスタロッチーが書いた『隠者の夕暮・シュタンツだより』の

広島大学教育学部より「ペスタロッチー教育賞」を受賞する宮城まり子

次の一節を常に心の支えとしていたという。

> 私は彼等と共に泣き、彼等と共に笑った。彼等は世界も忘れ、シュタンツも忘れて、私と共にをり、私は彼等と共にをつた。（中略）彼等が達者な時も私は彼等の中にゐたが、彼等が病氣の時も私は彼等の傍にゐた。私は彼等の眞中にはいつて寢た。(143)

(3)やさしさの心のバトン

宮城は80歳を過ぎた頃から、よく後継者のことについて聞かれたという。いつかある人が、「宮城さんは流れ星ですから」といった言葉を思い出す。もちろん後継者については、宮城自身悩んできたことだろう。しかし、宮城も80歳を過ぎ、ねむの木学園も40年を経過したときに、はっきりと言うことができたという。

> まだ何もなし得ていない学園を創設した直後からいわれたことがあります。後継者は誰なのかと。どうしてそんな質問をなさるのかと思いました。でも今ははっきりいえます。ねむの木の心を受け継いでくれるのは、子どもたちです。学園が成り立つには国や大人が助けなければなりませんが、私が大切にしてきた心は、子どもたちがしっかりと受け継いでくれたと実感しています。[144]

ねむの木学園のモットー（合言葉）は、「やさしくね、やさしく、やさしいことはつよいのよ」である。宮城が母から受け継いだ「やさしさの心のバトン」が、子どもたちに受け継がれていくことに、この上ない喜びを感じているに違いない。

宮城が、自らの死について書いた文章がある。

> 私、マヨルカ島で死にたいなって思います。だって子どもの前で死んだら悪いでしょ。あそこで死んだらお葬式もしなくていいし、パスポートをどこかに捨てておけば誰だかわからないし、迷惑にならないって思いました。（中略）

もう一度生き返って人生を送るとしたら、七九歳の宮城まり子に生まれ変わって、これだけいろんなことがわかっている状態で、もう一遍ねむの木の跡継ぎ、後継者にならなきゃいけないと思います。(145)

なぜ宮城は、79歳の自分に生まれ変わりたいのだろうか。おそらくそれは、それまでの険しく厳しい道程が物語っているに違いない。そして、ねむの木学園を永久に見守っていきたいという祈りが、その言葉に込められているのであろう。

プロローグ・第1部　出典

（1）宮城まり子『NHK知るを楽しむ 人生の歩き方 宮城まり子 こどもたちへの伝言』日本放送出版協会、２００７年12月、７頁（以下、『こどもたちへの伝言』と略す）
（2）宮城まり子『まり子の目・子どもの目――ねむの木学園の〈教育〉発見』小学館、１９８３年、69頁
（3）宮城まり子『また あしたから』日本放送出版協会、１９９９年、１２４頁
（4）同前書、123～125頁
（5）前掲書『こどもたちへの伝言』、16頁
（6）宮城まり子、矢島徳子基金記念講演会における講演より、１９９１年２月３日、世田谷区民会館ホールにて
（7）同前
（8）宮城まり子「この道 24」（「東京新聞」、２００８年４月28日付）
（9）前掲「この道 9」（「東京新聞」、２００８年４月10日付）
（10）前掲書『こどもたちへの伝言』、12～14頁
（11）同前書、16頁
（12）同前書、18頁
（13）宮城まり子『まり子の校長日記――手づくりの学校 手づくりの教育』小学館、１９８５年、20～21頁
（14）前掲書『こどもたちへの伝言』、18頁
（15）同前書、19頁
（16）前掲書『また あしたから』、１２５頁

(17)前掲「この道 31」(「東京新聞」、2008年5月10日付)
(18)前掲「この道 18」(「東京新聞」、2008年4月21日付)
(19)前掲書『こどもたちへの伝言』、19頁
(20)前掲「この道 35」(「東京新聞」、2008年5月15日付)
(21)同前「この道 40」(「東京新聞」、2008年5月21日付)
(22)宮城まり子『時々の初心 ねむの木学園の40年』講談社、2007年、229頁
(23)宮城まり子『戦仕度の日々――ねむの木の子どもたちと』日本放送出版協会、1981年、32頁
(24)前掲「この道 47」(「東京新聞」、2008年5月29日付)
(25)朝日新聞社『朝日人物事典』朝日新聞社、1990年、1569頁参照
(26)同前書、1761頁参照
(27)前掲書『こどもたちへの伝言』、31頁
(28)宮城まり子『宮城まり子が選ぶ 吉行淳之介短編集』ポプラ社、19頁
(29)宮城まり子『淳之介さんのこと』文春文庫、2003年、32頁
(30)「宮城まり子という生き方――愛を注いだ〝ねむの木学園〟の40年」(『家庭画報9月号』世界文化社、2007年9月所収)291頁
(31)前掲書『淳之介さんのこと』、40~41頁
(32)宮城まり子「社会」(『中学生の教科書――死を想え』四谷ラウンド、1999年所収)、177~178頁
(33)宮城まり子「たった一枚の葉書」(『吉川英治とわたし』講談社、431頁、1992年所収)
(34)前掲書『また あしたから』、131頁
(35)同前書、131頁

(36)宮城まり子『まり子の社会見学』中央公論社、1960年、あとがき
(37)同前書、14頁
(38)前掲書『また あしたから』116~117頁
(39)前掲「この道79」(「東京新聞」、2008年7月5日付)
(40)前掲書『こどもたちへの伝言』、45頁
(41)宮城まり子、世田谷市民大学講演内容より、1995年12月21日、世田谷市民大学にて
(42)前掲書『また あしたから』、67頁
(43)解説教育六法編修委員会編『解説教育六法』三省堂、1999年、56頁
(44)宮城まり子『ねむの木の子どもたち』ごま書房、1973年、12~13頁
(45)前掲書『また あしたから』、117~118頁
(46)前掲書『戦仕度の日々』、18~19頁
(47)前掲書『淳之介さんのこと』、204~205頁
(48)同前書、205頁
(49)前掲書『また あしたから』、52頁
(50)前掲書『朝日人物事典』、917頁
(51)前掲書『また あしたから』、55頁
(52)同前書、84頁
(53)前掲書『戦仕度の日々』、25頁
(54)前掲書『まり子の目・子どもの目』、11頁
(55)前掲書『ねむの木の子どもたち』、111頁
(56)前掲書『また あしたから』、173~174頁

(57)同前書、295頁。前掲書『戦仕度の日々』、28頁〜29頁参照
(58)宮城まり子『神様にえらばれた子どもたち』海竜社、1985年、3頁
(59)前掲書『まり子の校長日記』、66頁
(60)前掲書『まり子の目・子どもの目』、87頁
(61)前掲書『こどもたちへの伝言』、53〜57頁
(62)前掲書『また あしたから』、62〜63頁
(63)同前書、64頁
(64)前掲「この道 81」(「東京新聞」、2008年7月8日付)
(65)前掲書『また あしたから』、296〜297頁
(66)同前書、58頁
(67)前掲書『まり子の校長日記』、28頁
(68)宮城まり子『なにかが生まれる日』日本放送出版協会、2008年、24頁
(69)前掲書『また あしたから』、149〜150頁
(70)前掲書『まり子の目・子どもの目』、101〜104頁
(71)前掲書『戦仕度の日々』、21頁
(72)前掲書『淳之介さんのこと』、265頁
(73)同前書、263〜264頁
(74)同前書、264頁
(75)宮城まり子『わたしのソフィア』海竜社、1982年、61頁
(76)前掲書『また あしたから』、98頁
(77)前掲書『まり子の目・子どもの目』、194頁

(78) 前掲書『まり子の目・子どもの目』、195頁
(79) 前掲書『また あしたから』、104頁
(80) 同前書、105〜106頁
(81) 宮城まり子『まり子のテレソン』三笠書房、1975年、195〜196頁
(82) 宮城まり子『わたしのソフィア』海竜社、1982年、85頁
(83) 前掲書『また あしたから』、300頁、307頁
(84) 前掲書『なにかが生まれる日』、123頁
(85) 村井実、1995年12月21日、世田谷市民大学講演にて
(86) 前掲書『まり子のテレソン』、215頁
(87) 前掲書『また あしたから』、60〜61頁
(88) 同前書、301頁
(89) 同前書、301頁
(90) 前掲書『まり子の目・子どもの目』、87〜89頁
(91) 前掲書『また あしたから』、304頁
(92) 前掲書『まり子の校長日記』、126〜127頁
(93) 前掲書『まり子の目・子どもの目』、146頁
(94) 前掲書『まり子の校長日記』、126頁
(95) 宮城まり子『ともだち ねむの木 そして私』集英社、1978年、159頁
(96) 前掲書『時々の初心』、164頁
(97) 前掲書『まり子の校長日記』、9頁
(98) 同前書、9〜10頁

(99) 前掲書『また あしたから』、144頁
(100) 前掲書『時々の初心』、165頁
(101) 村井実『「愛」と「教育」』（日本学び方研究会『学び方』290号、2008年6・7月号）、2～3頁
(102) 前掲書『まり子の校長日記』、128～129頁
(103) 前掲書『まり子の目・子どもの目』、132～133頁
(104) 同前書、131頁
(105) 前掲書『また あしたから』、202頁
(106) 前掲書『まり子の目・子どもの目』、141～142頁
(107) 前掲書『まり子の目・子どもの目』、36頁
(108) 辰濃和男『天声人語（人物編）』朝日新聞社、1987年、68頁
(109) 宮城まり子『なにかが生まれる日』日本放送出版協会、2008年、34頁
(110) 宮城まり子『神様にえらばれた子どもたち』海竜社、1985年、118～119頁
(111) 前掲書『また あしたから』、168頁
(112) 前掲書『なにかが生まれる日』、51頁
(113) 宮城まり子「太陽を追いかけて」（しずおか演劇祭参加、〝宮城まり子とうたう、おどる子どもたち〟パンフレットより）、1991年11月16日、抜粋）
(114) 前掲「この道 7」、（「東京新聞」、2008年4月8日付）
(115) 前掲書『また あしたから』、164頁
(116) 前掲書『神様にえらばれた子どもたち』、128～129頁
(117) 前掲書『なにかが生まれる日』、54頁
(118) 宮城まり子『まり子の目・子どもの目』小学館、1983年、206頁

(119) 前掲書『また あしたから』、２２２頁
(120) 同前書、２４２頁
(121) 同前書、２４３頁
(122) 宮城まり子「ねむの木学園１９９５年10月22日運動会プログラム」、１〜２頁
(123) 前掲書『また あしたから』、２７５頁
(124) 同前書、３０４頁
(125) 前掲書『まり子の目・子どもの目』、２３４頁
(126) 前掲書『天声人語（人物編）』、68頁
(127) 『谷内六郎展――なつかしさと安らぎの世界』谷内六郎展実行委員会、２０[illegible]４年、東京銀座三越デパートで。４頁
(128) 前掲書『天声人語（人物編）』、１１５頁
(129) 前掲書『ねむの木の子どもたち』、47〜48頁
(130) 前掲書『時々の初心』、43頁
(131) 前掲書『まり子の目・子どもの目』、２３８頁
(132) 前掲書『戦仕度の日々』、22頁
(133) 前掲書『また あしたから』、27〜28頁参照
(134) 前掲書『時々の初心』、２１３〜２１４頁
(135) 前掲書『淳之介さんのこと』、３８４頁
(136) 前掲書『また あしたから』、34〜35頁
(137) 前掲書『淳之介さんのこと』、３８７頁
(138) 「障害者自立支援法」厚生労働省 mhlw.go.jp/topics/2005/02/tp0214-1a.html 参照

（139）前掲「この道37」（「東京新聞」、２００８年５月17日付）
（140）同前「この道69」（「東京新聞」、２００８年６月24日付）
（141）同前「この道88」（「東京新聞」、２００８年７月16日付）
（142）「障害児に寄り添い半世紀ねむの木学園・宮城まり子さん」（「日本経済新聞」、２０１８年４月５日付夕刊）
（143）ペスタロッチー著、長田新訳『隠者の夕暮・シュタンツだより』岩波文庫、１９４３年、56頁
（144）前掲書『家庭画報』、２９４頁
（145）同前書、２９４頁

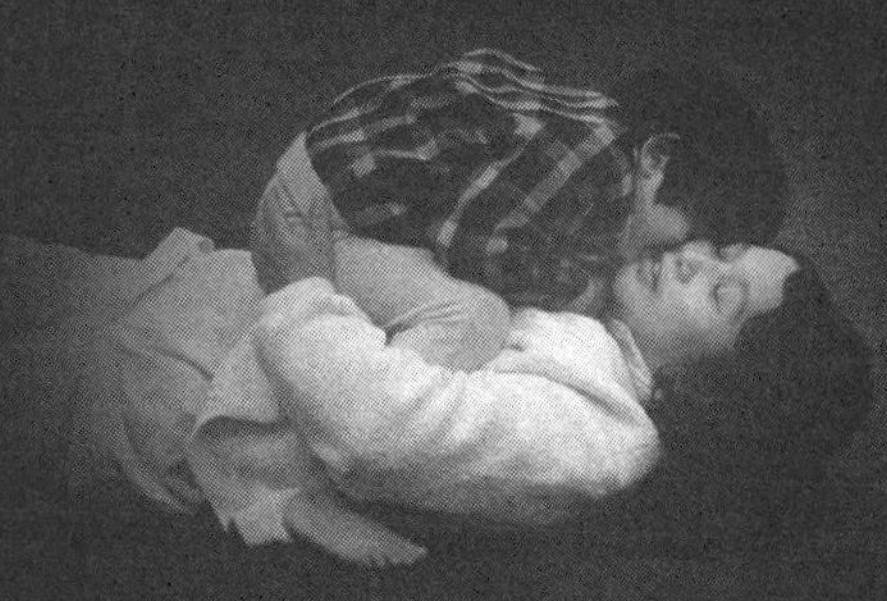

第2部

宮城まり子の子ども観・教育観

1　子どもの観方

（1）さまざまな子どもたちの物語

現在、ねむの木学園は、社会福祉法人ねむの木福祉会（福祉型障害児入所施設ねむの木学園やさしいお家、障害者支援施設ねむの木学園 星に祈る、障害者支援施設ねむの木学園 感謝の心、特定相談支援事業・障害児相談支援事業ねむの木の木陰、共同生活援助〈グループホーム〉コーラスボーイ）と学校法人ねむの木学園（特別支援学校ねむの木）が併設された形で成り立っている。ここに集まってくる子どもたちは、「脳性マヒとかの後遺症で、知恵におくれを持ち、手足にハンディキャップを有し、お家ですごすより、みんながたすけあい、共に暮らすことが好いと思われる」[1]と宮城が説明しているように、複数のハンディキャップをもった子どもたちである。もちろん、ハンディキャップの具体的な事情や状態は、彼ら一人ひとり異なった物語をもっている。次に紹介するのは、宮城の著書に見られるその中の3

人の物語の一部である。

今年、きびしいのは、ねむの木学園に入園してきたまもるちゃんに悲しいことがあった。母子家庭で、お母さんがガンになり入院したため、一時保護所に入れられていたのだけれど、非行で、保護された子も何人も入っていて、からだが悪いまもるちゃんはいじめられているので緊急に保護してほしいと、ねむの木に来た。

五か月たって、お母さんは亡くなった。昨日、一か月おくれで知らされてきた。たった一人のお母さんの死を伝えるのは、とてもむずかしいし、入園してきたころ、まもるちゃんは、ねむの木学園にいる子とはずいぶん違って、ませている上に、ひとつひとつあげ足をとる子であった。その子に、つい先日知らせのあったお母さんの亡くなったことを教えたら、困ったことになるだろうと、心配をした。[2]

たけひとは、病院にいた時、お父さん、お母さん、兄弟四人、サラ金で苦しみ、一家心中をした。病院に残されたたけひとは、お母さんの「子どもに知らせないで」のひとことで、院長先生からも、校長先生からも知らされず、なんとなく友達のうわさ話で、そのことを知ったのだ。でも、信じたくないうわさを、彼は取り消す方法を持たなかった。

ねむの木学園に入園してきた時、もう、どうしようもないほど、人を信じなくなっていた、たけひと。[3]

生まれたときは障害がなかったのに、赤ちゃんのころにお母さんに地面に落とされて、脳と足に重い障害をもったこどもが、今のねむの木にいるの。私、愛をいっぱいあげて、愛されていることをわかってもらって、やさしい顔になるよう笑顔がまずほしい。このごろ、どんと抱かれにきてくれる。[4]

これら3人の物語は、ほんの一例にすぎない。ねむの木学園とは、人生のスタートからこうした悲しい物語を背負わされた子どもたちが、孤独の中から必死でやさしさと信頼を求めて集まってくる場所なのである。宮城は、この学園を〝良心の集う場所〟と表現することがある。それは、こうした子どもたちの中の〝良心〟と、彼らを受けとめる教師としての大人たちの〝良心〟とが、やさしく出合うところを意味している。

では、こうした子どもたちを、宮城はどのような教育の考え方や子どもの観方をもって、これまで共に生活してきたのだろうか。

（2）根源にあるもの

宮城は、〝人生とは〟〝人間とは〟といった問いに対して、あえて書物などで多くを語らない。だが、彼女の書物をつぶさに読み進めていくと、そこに彼女の人間観や人生観を表した言葉に数多く出合う。

宮城は、自分という存在を「宇宙は大きいんだ。こんな中に、この延々と続く砂の一つぶより、私は小さいんだ。それが、小、中、高校の、校長なんだ。そう、いいきかせた」[5]という。この素朴（そぼく）な表現の中に、自らの〝生の位置〟を客観的に、しかも謙虚（けんきょ）に見つめている宮城の姿勢をうかがうことができる。

また、迷ってこそ人間であり、人間の知恵は限りないものであるともいう。[6]そして人間の内部には、何かに役に立ちたい、何かをしてあげたい、何かを表現したいといったように、いわば人間の生きる原動力ともいうべき潜在的なエネルギーがあることを認めようとする。こうした人間観にもとづいて、宮城は、人間が〝生きる〟ということは「共に生きる」ことであり、助け合いながらよりよく生きていくことであると考える。

（3）かくれた才能・高まっている感性

宮城は、「知恵遅れ」という言葉に対して疑問をもつ。それは、この言葉がどこか「ダメな人間ってひびきをもった言葉」[7]であるからである。では、宮城はこの言葉をどのように考えるのか。つまり、知恵が遅れているということは、ただ通常より〝ゆっくり、ゆっくり、育っている〟ことにすぎず、そうした子どもたちのすべての中に内なるすばらしい「かくれた才能（能力）」が秘められていると考えるのである。この前提に彼女の、人間の「知恵」は無限である、という考え方があることは明らかである。それに関する彼女の言葉をいくつか引用してみよう。

> 表面にあらわれることは少ないけれど、内なる場所で、はげしい、すばらしい才能を持っていたのだ。[8]

> 今までだれも気づかなかった、かくれて見えなかった才能が毎日生まれるのである。[9]

> 手足が不自由で、考える力がおそく、そして、家族的にもハンディのある子、その子

どもたちを連れて、私は、怖れおののき、とまどいながら、毎日苦しみ続け、目に見えないような、ほんの少しの進歩に、泣き出したいほどの喜びを感じることをただ一つの支えとして、かくされている能力をみつけだしたい、と願う。(10)

こうした「かくれた才能（能力）」は、すでに述べたような「〜したい」という人間の根源的なエネルギーに支えられたものであり、どの子どもにも基本的に備わっているものであると、宮城は考える。その一端は、「ねむの木学園を建ててからずっと、壁や廊下や窓のガラスやドアに、私は絵をいっぱいかいて、子どもたちの絵をかきたいという心を刺激してきたつもりである」(11)（傍点引用者）という文章からもうかがえる。

宮城は、こうした「絵をかきたいという心」が、どの子どもの中にもあるという考えを前提としながら、さらにそうした才能（能力）というものが、「その子、その子に一人ひとりの顔があるように、その子に一人ひとりの能力がある」(12)ことを認めるのである。

また宮城は、「こども達は一人の立派な人間になるため、あらゆる努力をし、あらゆる可能性にむかって全力で戦っています」(13)といい、むしろ障害を持っているからこそ、豊かな能力ももっているとして、次のように述べている。

障害をもつがゆえに高まっている感性があるならば詩も文章も書け、（中略）ありったけの愛をもって教育することや、障害をもつがゆえに他人のハンディキャップを心配するこども達のやさしさを描いたのが映画『ねむの木の詩がきこえる』です。[14]

(4) ダメな子なんか一人もいない

このような宮城の子ども観をより鮮明にさせるために、彼女の子ども観とのズレが明確に表れているエピソードを次に二つ紹介したい。

これは、ねむの木学園が開校して3年目の9月末、6歳の男の子が「ぼく　かえる　みつけた。しみそう。くさのところに　いきました」と、国語の授業のときに書いたことから話が始まる。この文を、分教場の先生が「ぼくは　きょう　かえるをみつけました。死にそうでした。くさのところへいきました」と赤でペケをつけて直したのである。

その夕方、その子は東京から仕事を終えて帰ったばかりの宮城に「ぼくは作文もダメなんだね。ダメな子なのね」と泣きながらいった。「作文も」というのは、その子は先生から絵も算数もお前はみんなダメだなということをすでに何度もいわれていたのである。それを聞いた宮城は、思わず〝ダメな子なんか一人もいない〟といって、その子をその場では慰め、翌日〝ダメ〟といった先生に次のようなお願いをしに行った。

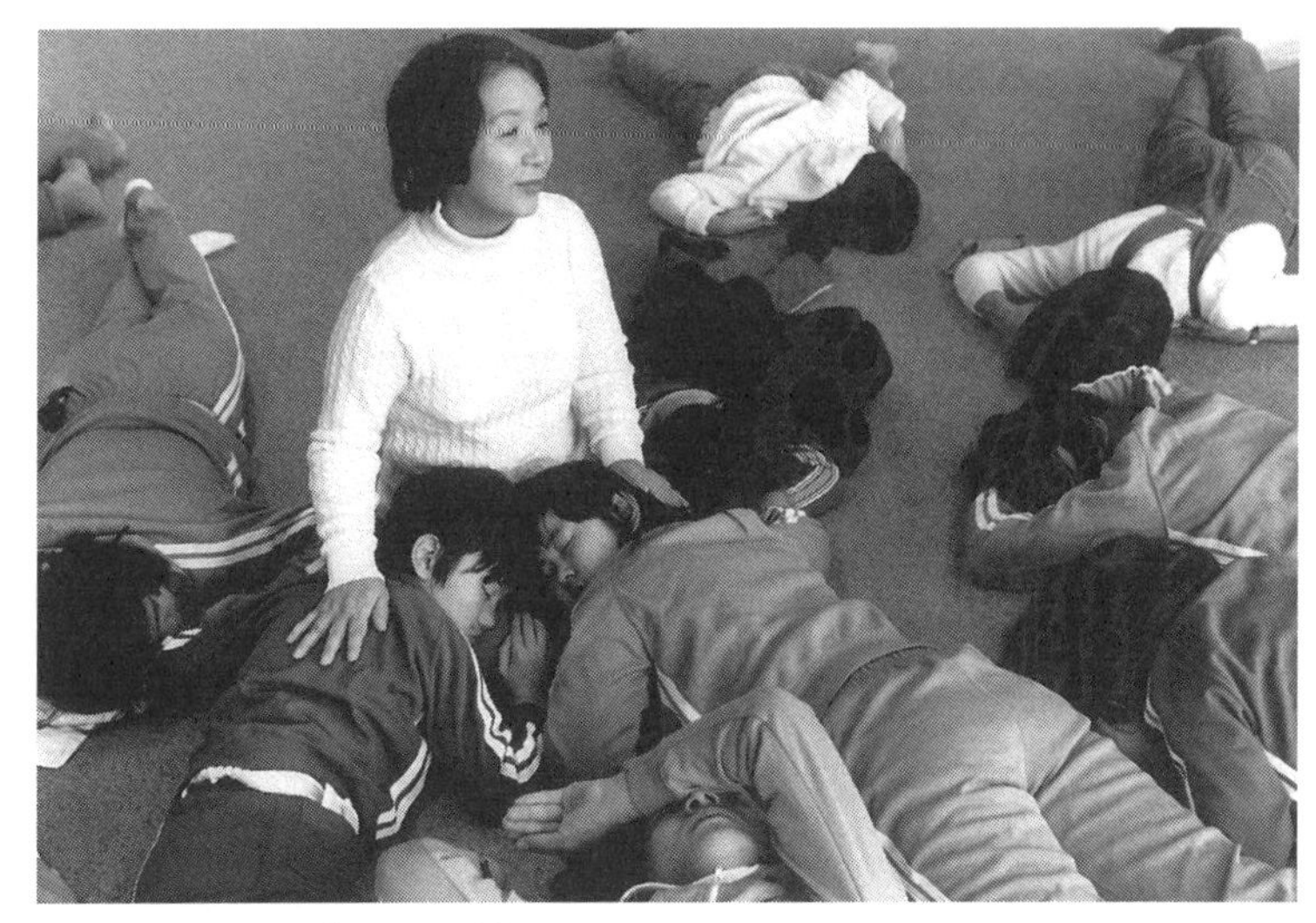

宮城まり子の膝に寝むる子どもたち　写真提供：中村太郎

先生、たいへん生意気で、失礼だと思うけど、お願いがあります。先生は、学校の教師を長いことしていらっしゃるから、先生の教育方針があると思っていま す。そしてこの子はこういう丸い形をした子どもだとお考えになっていらっしゃると思います。だけど、この子はこういう横に長い楕円形のような形をした子なので、先生の教育方針からはみ出るところがあります。だから先生、こういう楕円形になって、この子の教育をしていただけませんか。この子は、こういう子どもで、先生のこういう丸い形から見ると、横にはみ出しすぎてしまいます。先生、その子にあった形で教育してほしいのです。これは私の無理なお願いでしょうか[15]。

こうした宮城のお願いに対して、その先生からは、「あんたは女優さんで偉いかしらんけど、私は教育経験三十年です」と叱られたという。

この二人の根本的な相違が子ども観にあることは明らかであろう。子どもをすべて「丸い形」にしか見られず悲しくも教育経験30年といった教師と、その子どもの形を認めて、それに合わせて教育しようとする宮城との子どもの観方における大きな〝隔たり〟である。

またこの場合、「経験」の意味についても考えさせられる。つまり、教職歴30年の「経験」は、一般的には当然、子どもたちへ有効に還元されるものでなければならないはずである。だが、このケースを考えるとき、「経験」が必ずしも子どもたちに有効であるとは考えられない。

それはなぜか。おそらくそれは、教育観や子ども観などの教育の根本的認識の相違によるものと思われる。たとえ「経験」を長く積んだとしても、その根本にあるものの考え方や観方が、その経験を生かすものになっていなければ、その経験による教育的効果は望めないということである。

その点、宮城の子どもの観方は、〝ダメな子なんか一人もいない〟という言葉に集約されているといってもよい。宮城は、この言葉をさまざまな著書の中で述べている。

私ね、本当はね、この本（『ねむの木・まり子・こどもたち』）わ、（中略）駄目な子なんて一人もいないと、一番いいたかったんです。[16]（傍点、（　）内引用者）

私は、先生の目から見たらダメな子でも、型にはまった教育からはずれる子でも、すべてのこどもは、何か可能性を持っていると信じている一人です[17]。

〝ダメな子なんか一人もいない〟という言葉は、つまり子どもは、だれもよく生きようとしているということを意味しているわけだが、あえて〝ダメな子なんか一人もいない〟と表現することによって、宮城の子どもへの強い思いがいっそう伝わってくる。

もう一つ、宮城の子どもの観方を、大阪での展覧会で子どもを連れたお母さんとのズレの例で紹介したい。

こんなこともあった。大阪の展覧会のとき、子どもたちの絵の前で、一人のお母さんが、自分の子どもさんに、

「あんたも、こんな絵がかけなければだめじゃないの。いつも、へんな絵ばっかり。この子たち、からだの悪い子なのよ。あんた、しっかりしなさい」

って、おっしゃった。私は、そのお母さんに、思わずいってしまった。

「お母さん、生意気いってすみません。お宅の坊やには、坊やの絵があると思うのです。その子、その子によって、違ってていいんじゃないでしょうか」

　愛する人に能力を認められ、信じてもらえていると思うとき、子どもは才能がはじける。そして、子どもたちには、子どもたちの世界があると思った。[18]

　ここにも、子ども観における宮城とこのお母さんとのズレが感じられるであろう。それは端的にいえば、子ども一人ひとりに無限の才能と個性を認める宮城に対して、それらを認めない母親との相違である。「からだの悪い子」という、この母親の言葉は、一種の偏見に満ちた〝ワク〟と「その子によって違っていい」という宮城の子どもの観方の柔軟さと温かさとは対照的である。

　以上のように、宮城は、どの子にもみなかくされた才能（能力）があり、愛し信じ、そして認められることによって、それが〝はじける〟という。もちろんその根本には、〝ダメな子なんて一人もいない〟という揺るぎない確固とした子ども観があることは言うまでもない。

2 「お手伝い」としての教育

（1）三つの「I（アイ）」

宮城まり子の教育観を最もよく表している言葉が「お手伝い」である。近年「支援」や「援助」という言葉が頻繁に教育界で用いられるが、それらに比べれば、なんと構えずリラックスした自然体の言葉だろう。

私には、教育とは何か、とはうまくいえない。知識がなくては、生きてゆけない。けれど、本質をみきわめることを、自然に覚えた彼と彼女は、いま、なにかを乗り越えたと思ったのだ。あとは、そのまま、そっと正しく、道案内する。生きていくお手伝いをする。(19)

私は、いま、少しは日本じゅうの障害を持つ子どものことで行動している。けれど、ただ同情してかわいそうとは、決して思ったりしない。手つだいたいと思う。そして行動する。障害を持つ人も、かわいそうだと思ってほしいと思っていないと知っているから。(20)（傍点引用者）

その子その子の能力を引き出し、その子その子の将来を、その子のために考える手伝いをしたいと思う。(21)（傍点引用者）

どんなに、おぼえられなくても、どんなに長くかかっても、勉強したいだろうと思いました。そして、そのお手伝いするのが、何か私に、命ぜられた仕事だと思いました。(22)（傍点引用者）

宮城は、この「お手伝い」の中心として、三つの「I」——Identity（自我同一性）、②Inquiry（探究）、③Interaction（他人とのつきあい）——を挙げている。(23)これら三つの「I」は、具体的に、①障害をもっている自分自身をしっかり見つめ、②自らの才能（能力）をもって興味あることを探り、③他者と助け合い、いたわり合いながら生きること、を意味している。

だが、この「お手伝い」という一見素朴に見える言葉の背後には、宮城の人並み以上の努力があることを忘れてはならない。それに関して、次のように記している。

学園は今年で創立四〇年目を迎えました。私が今でも大切にしていることは一人一人の子どもとしっかりと向き合うこと。今日のあの子がどういう気分でいて、どれくらいお熱があって、どういう状態にあるかということを私は知っていなければならない責任があると思うんです。それには努力が必要です。なかには正直いってウマが合わない子もいるけれど、その子とうまくいくように努力します。続けることに努力は欠かせないのです。(24)（傍点引用者）

この中で、宮城は「向き合う」という言葉を用いている。おそらく「生きていくお手伝い」や「考えるお手伝い」などを行う前提として、子どもとしっかりと「向き合う」ということが教育上大切であることをここで伝えているといえる。どうしても〝ウマが合わない子〟もいるが、一生懸命〝うまくいくように努力〟するという。

宮城のこの言葉は、まさに私たち教育に携わる人間の本心であり、現実に子どもと向き合うときの厳しさと真摯な姿勢を示唆している。この点について、別の著書でも、次のように述べている。

こどもたちは、必ず生きるための力を持っている。こどもの場合、そのための能力や個性が、なかなか表にあらわれてはこない。隠れた力を見つけて伸ばしていくには、一人ひとりのこどもたちと、じっくり向き合うのがいいわ。ちょっとした変化から心の中を読み取る。それを続けていくのも、私が、ねむの木をやった責任でしょ。(25)（傍点引用者）

子どもの中の生きるための力を信じることを前提としながら、〝じっくり向き合う〟——それは教師としての〝責任〟であると宮城はいう。もちろん、〝向き合う〟こと自体容易なことではないはずである。この「向き合う」ということについて、灰谷健次郎（はいたにけんじろう）（1934〜2006）は、「教育の中に、人間の生命をマスとしてみる視点を持ちこまない。あらゆる教育の成り立ちは一対一の生命の厳しい向き合いであるという思想である」(26)（傍点引用者）と述べている。

まさに教師と子どもが本気で向き合うということは、命と命、個と個との真剣勝負なのである。言い換えれば、「向き合う」ということは、互いが信頼し合い認め合うことにより、はじめて成立するものでもある。また、教師が子どもと向き合うためには、灰谷がいう「人間の生命をマスとしてみる視点を持ちこまない」ということも大切である。

ある特定の先入観にもとづく偏見によって、子どもを特定のワクに押し込めて見ることは子どもと対峙するとき、極めて危険であるということである。その根底には、やはり宮城の“ダメな子なんか一人もいない〟という信頼にもとづく子どもの観方がなければならない。

さらに、子どもたちと“向き合う〟ための前提として、「聞く（聴く）」ことも同時に大切であると宮城はいう。

> 私の願いは、すべてのこどもが、みんなみんな素晴らしいものをもっているのじゃないかな、と思うので、私、こどものために、いっぱい聞く耳をもっていたいと思うのです。こどものおしゃべりをいっぱい、いっぱい聞いて、それを消化したいと思うのです。[27]（傍点引用者）

そもそも相手の話などを「聞く（聴く）」ことは、コミュニケーションの基本である。よい聞き（聴き）手とは、伝えたいことを真剣に聴いてくれ、適切な対応をしてくれる人である。共感したり、うなずきながら、適時、質問したり、自分の意見を述べてくれるといった適切な反応が大切である。

だが現在は、宮城がいうような「いっぱい聞く耳をもって」おらず、ややもすると子どもたちの話を無視して、大人が一方的に話しているということがしばしばあるように感じられる。

「ねむの木学園」創立50周年の始業式の後で

「よく聴く」ということで思い出す作品がある。ミヒャエル・エンデの『モモ』である。モモは女の子であり、町の人たちの人気者である。彼らはモモに話を聴いてもらうと、どういうわけかとても心が穏やかになり、幸せになって、悩みなども解決してしまうのである。モモは、まさに聴き上手な女の子なのである。だがこの点について、作者のエンデは、次のように作品の中で述べている。

> 小さなモモにできたこと、それはほかでもありません、あいての話を聞くことでした。なあんだ、そんなこと、とみなさんは言うでしょうね。話を聞くなんて、だれにだってできるじゃないかって。
> 　でもそれはまちがいです。ほんとうに聞くことのできる人は、めったにいない

ものです。(28)（傍点引用者）

確かに「ほんとうに聞くことのできる人は、めったにいない」のかもしれない。だが、宮城は、このモモと同じように聴く耳をもち、子どもたちとしっかりと向き合える〝めったにいない人〟なのである。

ちなみに、このエンデの作品『モモ』は、かつてNHKのラジオドラマで宮城がモモを演じたことがあることを、筆者がゲストハウスに泊まったとき直接本人から聞いたことがある。そして、宮城は、ねむの木の子どもたちのために台本をコピーして、漢字にふりがなを振って教科書を作り、それを国語や音楽や美術の時間で実際に行ったことがあるとも話していた。

では、こうした「しっかりと聞く耳」をもち、「向き合い」ながら、子どもたちのために「生きていくお手伝い」をしている具体的な例を、次にいくつか紹介してみよう。

（2）さまざまな「お手伝い」

脳性マヒの後遺症で手と足がうまく動かず、ゆっくり物を考えるたかひろくんに、宮城は、人と人とのつながりのすばらしさを感じること、さらに感じたものを表現することを教えたいという思いから、カナタイプを打つことを勧めた。だが、それまでたかひろくんは、手が大きく広がりバランスを失い、字とは無縁だった。宮城は、たかひろくんに無縁だった文字を無縁でなくするための「お手伝い」をしたのである。

> まったく縁のなかった字を、「私のいうことを信じて」とカナタイプをうつことで、つながりがつきはじめました。ふりまわす手で、タイプのキイめがけて、おろします。もちろん、隣に飛んでいってしまうのが多いのだけれど、がんばって、がんばって、自分の名前がかけた時、うれしゅうございました。タイプを、ガムテープで下の台にはりつけたり、同じ形の箱をつくって、はめこんだり、いろいろやって、字が並びはじめました。[29]

ここには、単にタイプを教えるといったこと以上に、タイプを通してその子の根本にある「表現したい」という欲求をいかにかなえてあげるか、楽しませてあげるか、といった考え方を根底に据えながら、三つの「I」の実現を念頭に置いた教育の工夫がなされている。タイプをガムテープで下の台にはりつけること、同じ形の箱を作ってはめこんだりといった、きめ細かな教育的配慮や工夫が、たかひろくんの〝かくれた才能〟を開かせることになったのである。

もう一つ、「お手伝い」としての教育の事例を紹介しよう。それは、子どもたちが絵を描くための「お手伝い」の工夫である。このねむの木学園の子どもたちの才能が最初に開いたのは絵だった。しかし、その背景には試行錯誤（しこうさくご）によるさまざまな働きかけの工夫があった。

私は、その子の能力と、その日の体力に合わせて、いろんな大きさの紙を用意している。えのぐは、いま、マジックペンを使っている。それまで、クレヨンやクレパス、色えんぴつ、水彩など、いろいろ使ってみた。マジックペンだと流れない。水彩は、色と色を重ねるとよごれてしまい、手が自由でないとはみだしてしまう。クレヨンやクレパスは、手でこすれてしまうからよごれる。クレヨンもクレパスも、ポキッと折れてしまう。たべちゃう子もいる。

障害のない子ならいいけれど、今までの画材は無理だった。色鉛筆は、力のある子はきれいに塗れるけれど、力のない子は、うすく塗ってしまう。水彩は流れてしまう。それで、マジックペンに落ち着いた。(30)

こどもたちが絵を描くときは、真っ白の画用紙を渡します。表紙になにか描いているようなスケッチブックは使いません。こどもたちには、白紙に自由に感じたことを描いてほしい。大きな画用紙を買ってきて、違うサイズに切って、廊下に置いてあります。

こどもたちが、大きい絵を描こうって気持ちがあったら大きい画用紙、小さいのがいいかナと思ったら小さい画用紙を使ってほしいから。(31)

ここにも、絵を楽しませてあげたいという宮城のやさしさと、子ども一人ひとりの体力と能力に対する細やかな配慮によって、子どもの気持ちに添った「お手伝い」としての教育が展開されていることがうかがえるであろう。

ここで改めて私たちが気づくことは、タイプライターにしろ絵にしろ、それらは教師が単に「教える」ものではなく、子どもたち一人ひとりの「表現したい」という気持ちをかなえるための一つの道具であり、子どもたちが自分でも知らなかった新しい自分に出合うための手段であるということである。

だが、宮城の「生きていくお手伝い」は、単に教育の工夫にとどまらない。ときにはそれは、自らの体を張った必死のお手伝いとなる場合がある。その好例が次に紹介する「世界子ども集会」に出席したときのエピソードである。

国際児童年と障害者年に、代表に選ばれて、八人の子どもを連れて「世界子ども集会」に行った。ハードスケジュールだった。子どもたちは、とっても立派で、誇りであったけれど、でも、おそろしかったこともあった。

展覧会の初日、もうすぐ大統領がこられるというとき、やはり緊張したのか、言葉の出ないやすひこちゃんが、声が出ないから吸う息が多くなって、いつのまにか胃に空気をためて、つばが呼吸器のほうに入って、息をつめてしまった。まっ青になり、白眼になったとき、この会場から、医者に連れて行くあいだに死んでしまうかと思った。私は、一瞬、その子の口に、私の口をつけてありったけの力で吸いだした。呼吸器のほうのつばも、胃の中にある空気も。つばも食べたものも、ぬるぬるしたものも胃液も、私の口いっぱいになって、私はそれを、自分の胃袋に入れた。

そのときのその子のうれしい顔。息ができて、ほっとしたとき、涙いっぱいでぎゅうっと、ありったけの力で私にしがみついてきたときの安心した顔。

「こわくない、大丈夫よ」

って、笑って、大統領とあいさつして、知らん顔をしていたけど、ほかの子もそれを見ていた。そして、おなじようにほっとした。[32]

宮城は、教育とは「人の命を守る仕事」であり、毎日が「戦仕度」だという。[33] まさにここには、日常何が起こるかわからない体当たりの命を守るための「生きていくお手伝い」が鮮烈に、しかも見事に描き出されている。私たちは、「お手伝い」などというと何か弱々しく、消極的な印象をもちがちである。だがこの例は、そうした表層的な印象を一掃してくれる。

「生きていくお手伝い」とは、実際には子どもたちと生活を共にする中で、二つの「そうぞう力――想像力と創造力」を駆使（くし）して、さまざまな工夫を前提とした、積極的で力強い働きかけなのである。

想像力と創造力によって工夫されたお手伝いの例を、もう一つ紹介しておこう。

アテトーゼのある子が、どんな服を着ることが楽で、自由にからだが動くか？

足の内反足の子は、どのようなズボンにすればいいか？

頭を下げて、品物を取れば、おしりがまる出しになってしまう子のスカート丈は。いくら教えても、腰から、下に落として、足を、広げたまま遊んでいる子は。ズボンの中に、シャツやセーターを入れないで、ジッパーをあげることをしない子には手が不自由なら、マジック（テープ）で、ポンととまるようにすればいいのかナ。

一人、一人、その子のからだに合わせ、着るものを作ってあげたい。デザインは、私がしても、合う。洋服屋さんになんかとても高くて無理だ。[34]　＊（　内引用者

(3)「信じる」こと「愛する」こと「見守る」こと

第二の特徴は、信頼と愛情による「見守る」という教育の考え方である。宮城は「見守る」ということについて、絵を描くことを通して次のように述べている。

学校の美術は、教える人によって変わってしまう。先生の気にいるように、子どもたちは無意識でも感じているから。先生が個性のある絵描きさんであればあるほど、その学校の絵は先生に似ている。全国の児童画展などの審査をすると、ずらっと並んだ絵から、この子とこの子と同じ学校……など、わかったりする。だから、教えなかった。ただ、部屋のあっちこっちに色をぬり、楽しさだけを受けとってもらいたかったのだ。

亡くなられた谷内六郎さんも、友人の杉田豊さんも、全く同意見だったから、子どもの絵をそっと見守ってきただけだ。そして、たくさんの絵が生まれた。(35)（傍点引用者）

宮城は、子どもたちの絵が生まれたのは、「教えた」からではなく、楽しさだけを受けとってもらいたいという一心で「見守ってきた」からだという。ここにも、どんな子どもにも絵を楽しみたいという気持ちがある、ということを根本に据えている。

この「見守る」ということは、その背後に子どもへの「信頼と愛情」が確固としてなければならない。宮城は、「信頼と愛情」は教育の原点であり、子どもというものは自分を信じてもらえたとき才能がはじけるという。この彼女の子どもたちへの「信頼と愛情」は、いわば〝親心〟といってもよい。次に紹介する文章は、それをよく表していると思われる。

抱かれて寝なかった子が、だんだん抱かれて寝るようになったら、それは抱く人を信じてきているからである。子どもが抱かれて寝るようになるまでは、他人の場合は努力がいる。抱かれて寝ているときに、からだをはずして寝る子は、あまり抱かれて寝たことのない子。ピッタとくっついて寝る子は、抱かれて寝ていて愛情をもらっていた子。(36)

この文章には、宮城の繊細でやさしさに満ち溢れた〝親心〟が表れている。抱かれて寝なかった子が、信じて、抱かれて寝るようになる。宮城は、「知恵が[illegible]くれているからこそ、自分を信じることの出来るところに、自分をつれ出す」(37)という。子どもたちにとって宮城という存在は、まさに「信じることの出来るところ」、つまり「愛いっぱいのところ」なのであり、子どもたちの中に存在する「自分を連れ出す」潜在的な力を認めてくれるやすらぎの場所なのである。

一方、宮城が「魔の時間」と呼ぶ、その瞬間に気づく人は果たしてどれほどいるだろうか。彼女は、この時間ほど「子どもたちにもっとも声をかける時間だ」という。宮城の、こうした子どもの身になって〝感じられる〟繊細な心があってはじめて、子どもたちの生きていくお手伝いができるのだと思う。

（4）暴れていた子が父になった

こうして宮城の、子どもたちを信じ、愛し、そして見守ることによって、これまで心の中に乾いた風が吹き荒れ、どうなるのだろうと思われていた子どもが素直な心を取り戻し、しかもやさしさを他者に与えられるようになる一つの例を、ここで紹介しておこう。

その子の名は正五という。昭和43（1968）年開園当初に学園に来た。当時15歳だった。重度の精神薄弱児、股関節脱臼であり、さらに中学を出たときも一字も書けず、読むこともできなかった。入れ墨をした父親はガンで亡くなり、母親はもうすでに亡くなっていた。

学園に入学した頃、イスを窓ガラスにたたきつけたり、テーブルをひっくり返したり、さらには学園をたびたび脱走した。それは、ある意味、人を騒がせて、自分に注意を向けさせようとしていたらしい。夜中、非常ベルを鳴らしたときなど、男子職員が二人で押さえようとしても倒されたりもした。そんな彼が、22歳になったとき、宮城さんたちを驚かせたできごとがあったという。

一週間ほど前の、夕食の時、いちばん小さいまさおちゃんが、ストローで、おみそしるをのんでいた。小さい口なので、スプーンもやっとなのだ。四歳であるが、二歳位のからだなので、保母は、自分でたべる練習に、ごはんやおかずは、スプーンで食べさせ、ストローで、おみそしるをのませていた。

そばに行き、そっと、私は、両手に持って、おわんに、口をつけさせた。半分こぼれたが、半分は、お口に入った。おわんから、おみおつけを、のんだまさおちゃんに、子ども達は全員で拍手をした。うれしそうに笑ったまさおちゃん。

翌日、やさしいふんいきに気がついた。もう食事が終わりに近づいた時間、小さなまさおちゃんを、抱くように手をそえ、となりのイスに正五はすわって、リンゴをたべさせている。小さな口で、リンゴをかじるまさお。かみおえるまで待って、又、口にリンゴを入れる正五。まさおが、口からこぼしたリンゴのかけらを、正五は、ごく自然に片手でひろって、自分の口に入れた。又、まさおちゃんの口に、新しいリンゴを入れている。そのやさしい横顔、やさしい目、ふと、父親を感じて、ドキッとした。

正五、少年になり、青年になり、夫を、けいけんしないで、父親になった。そう思ったら、気が遠くなるように感じた。[38]（傍点引用者）

入園当初、正五の中に激しく荒れ狂っていた嵐が、いつしか止み、そして澄んだ心が現れてきたのである。そこには、周囲の人たちから信頼され、愛され、そしてしっかりと見守られる、まさに安心して生活できる場があったからに他ならない。それはまさしく宮城がいう「良心が集う場」がそこにあるのである。

3 「教師」とは何か

（1）「俳優（役者）」としての教師

宮城は、女優としての自らの経験から、よく学校の教師を「俳優（役者）」にたとえる。つまり、教師とは、黒板という大きな舞台装置の前に立って、先生という衣装と、教科書という台本を持った、ロングランの俳優（役者）であるということである。それに関して、具体的に次のように述べている。

> 先生って、子どもと真剣勝負。役者も毎日真剣勝負。何度、教えても、つたえても、反応がないとき、死にたい。でも、教室の教師にしろ、生活の教師にしろ、お医者さまも、すべて人間にかかわる仕事をしている人は、自分自身のからだの奥のほうにある、情熱の炎を、自分でかき立て、消してはならないと思う。

り広げられる日常性に埋め込まれたドラマ」に類似したものと受けとめることができよう。

（2）子ども心 ―想像力と創造力―

ところで、宮城と子どもたちとの関係を見ていて常に感じることは、宮城が子どもの気持ちに、ごく自然な形でスーッと入り込んでいっていることである。これはどういうことだろうか。それは、宮城自身の中にある「子ども心」の豊かさにあるのではないかと筆者は考えている。宮城は、むしろ大人の中の「子ども心」の大切さを、さまざまな著書の中で指摘している。次はその一部である。

私ね。思うの。いくら想像しても、想像しても、たりないのね。私たち、ずいぶん子どもの心を忘れてるみたい。[43]（傍点引用者）

私は、十二歳の心のまま、こども達の中に入っていきます。同じ年頃のこどもの心は、ビンビン私に伝わってきます。だって、同じなんですもの。そして、いつの間にか、知った大人の知識。おそくなってもらったのです。

大人は、昔、こどもだった。こどもだったことを忘れている大人がいる。
サンテグジュペリの好きな言葉です。[44]（傍点引用者）

〝12歳〟――それは宮城の最愛の母が亡くなったときである。宮城は、その歳の心をもちつづけていて、子どもたちの心に入っていく。そこには〝12歳〟を忘れない宮城が常にいるのである。そして、この宮城の〝子ども心〟は、豊かな想像力と創造力を発揮させる、まさに原動力となっているのだと思う。それを物語る例を次に紹介したい。

丸いお月様をマン月と教えられたから。
三日月はトンがっているからトン月だ。[45]

短い文ではあるが、「マン月」に対して、子どもが「トン月」と表現したその豊かな発想に、宮城はしっかりと自分の中の「子ども心」で受けとめているのである。

「食べおわってからね、やっちゃん」。私は、一つ一つ、くり返し教えた。

一口ずつ、口に入れているとき、ふと、ひらめいた。しゃべること、字を書くこと、手話ができないなら、もう一つほしいかどうか聞くために、モールス信号はどうか。私はそんな信号も知らないし、この子も、それを覚える能力はない。けれど、言葉って信号だと、ただトントンとたたくことも言葉だと、そう考えついたとき、わめきだしたいほど、うれしかった。

「もう一口食べる？　食べるなら、私の手をトントンたたいて。食べるなら、トントンたたいて」

聞こえているのか、いないのか。やすひこは知らぬ顔。耳は聞こえているはず。三日ほどつづいたあるとき、ゆっくりゆっくり手がのびて、私の手を、かすかにトントンとたたいてくれた。(46)

宮城は、やっちゃんとコミュニケーションをとる方法を模索していたとき、言葉はもともと信号だということに気づいた。このことは、まさにコミュニケーションの最も本質に気づいたということである。しかも「トントン」という具体的な方法を見つけだしたのである。宮城のさまざまな著書を読んだ範囲で想像するに、おそらく、この「トントン」のヒントになったものは、宮城が以前観たダルトン・トランボ監督（1905〜76）の映画「ジョニーは戦場へ行った」＊の中の「モールス信号」だったのかもしれない。それを彼女の豊かな発想によって、子どもとのコミュニケーションに応用したわけである。

ところで宮城は、ねむの木学園に来た子どもたちにはすばらしい想像力があることに早くから気づいていた。あるとき宮城が、サン・テグジュペリの『星の王子さま』を子どもたちに読んで聞かせて、ヘビに飲み込まれたウワバミの絵を見せたとき、子どもたちは〝おねしょ〟〝オムレツ〟〝水たまり〟〝おふとんでもじょもじょしている子〟などと答えたという。そのとき、宮城は彼らの想像力のすばらしさに気づき、それを生かせるのは絵の世界かもしれないと考えたという。そこには、子どもたちの想像力に気づき、受け止められる、宮城自身の中の〝子ども心〟と豊かな想像力があるからに他ならない。まさに、宮城と子どもたちの心が共鳴し合う関係がそこに見られるのである。

また、宮城のいう子ども心は、物事を柔軟に考え、感じる心、と置きかえることもできる。それに関して、宮城は次のように述べている。

> この人間が人間の手助けをするという大きな立派な仕事が社会的に認められなければ、日本の障害者福祉は変わらないと思います。柔軟な心と厳しいプロ精神と優しい思いやりとが必要なのです。[47]（傍点引用者）

ちなみに、この柔軟な心ということに関連して、詩人相田みつを（1924〜91）に「柔軟心」という詩がある。

やわらかい
あたま
やわらかい
こころ
わか竹の
ような

柔軟心？　やわらかいこころ？

そのむかし

＊　戦場で両手、両足、耳、眼、鼻、口を失い、第一次世界大戦が終わってから15年近く生き続けたイギリス将校が実在したという事実をヒントに、ダルトン・トランボが１９３９年に発表した小説「ジョニーは銃をとった」を、トランボ自ら脚本・監督した反戦映画。なお１９７１年カンヌ映画祭審査員特別賞、日本でも72年度芸術祭大賞を受賞した。制作はブルース・キャンベル、撮影はジュールス・ブレンナー、編集ミリー・ムーアが各々担当。出演はティモシー・ボトムズ、キャシー・フィールズ、ドナルド・サザーランド、ジェイソン・ロバーズ、マーシャ・ハント、ダイアン・ヴァーシ、エドワード・フランツなど。

道元禅師という方が
宋の国に渡り修行をされて
得てきたものは
ただひとつ　柔軟心　であったといいます
柔軟心とは
やわらかいこころのことです
何物にも引っかからない
素直な心のことです
きれいな花を見たらきれいだなあ…と
素直に感ずる心のことです
きゅうりにはきゅうりの良さを認め、
なすにはなすの良さを認める心です
たとえ　けんかをした相手のことでも
良いところは良いと認める
大らかな心のことです
そして　おかしい時には　腹の底から笑い
泣きたい時には全身で泣く

それが柔軟心です
心がやわらかいから
素直に笑えるのです
心がやわらかいから
素直に泣けるのです
心がやわらかいのは
心が若いことです
柔軟心を持ちましょう
いつまでも心の若さを保つために…[48]（傍点（・）引用者）

この柔軟な心は、相手を思いやれる〝やさしい心〟でもある。宮城は、やさしさは強さであり、また相手を許せる心でもあるという。そしてこれが宮城がいちばん子どもたちに教えたいことだという。

サリバン先生が三重苦のヘレン・ケラーに愛を教えたように、形ない愛こそ私が教えたい最大の理想です。〈やさしくね。やさしくね。やさしいことは強いのよ〉。この言葉を私はいつも職員やこども達にささやきます。けんかをしたとき〈やさしいことは強いのね〉とささやくとすぐ止めてくれます。街を歩いているとき、不思議そうな目で見られてたじろぐこども達には、もっと小さな声で、〈やさしくね、やさしくね、やさしいことは強いのよ。強い人はやさしいから許せるのよ〉とささやきます。画用紙をもつこども達は、〈やさしくね〉とささやきながら、丁寧に色を塗ります。〈はたおり機〉の前でもそう言いながら、ゆっくりだけど、やさしい心のこもったショールができ上がってゆきます。(49)

ここでいう〝形のない愛〟とはなんだろうか。おそらくそれは、ものなどを与える愛情ではなく、心と心がつながり合い、認め合う心、つまり教師の愛に対して子どもたちが〝応える愛〟のことではないかと思う。ねむの木学園のモットー（合言葉）――〈やさしくね　やさしくね　やさしいことは強いのよ〉――の根本的意味はここにあるのであり、子どもたちが創り出すものは、まさにやさしさを形にした作品といってよい。

（3）三つの「もたせる」

宮城は、教師はだれでも「子どもをよくしたいと願っていることは同じ(50)」であると基本的に考える。では、子どもをよくしようとする教師の役割について、宮城はどのように考えているのだろうか。それは、次に紹介する三つの「もたせる」ということに集約されていると考えられる。ただし、ここでいう「もたせる」とは、教師が一方的に教えるということではもちろんない。それはあくまで子どもたちの「〜したい」という、よく生きていこうとするための基本的欲求を大切にしながら、それを自らの力で活発に働くように「お手伝い」していくということである。

①「興味」をもたせる

まず第一は、「興味」をもたせるということである。一般的に、子どもの学習のスタートにおいて重要なことは、いかに、あることに興味をもたせるかということである。その場合、宮城は何よりも子ども自身が「見ている」ということを考える。それは、次の染め物の例に見ることができるだろう。

> 自分の好きなようにしぼるのはこどもたち、染めるのはまり子さんです。生涯学習の時間とか、家庭科の時間にワイワイ一生けんめいしぼります。何もしないで見ている子もいます。でも見ていれば、いつか、自分も、やってみようかナと思ってくれればいいので、ねむの木の学校は「さあ、全部でやりましょう」とはいいません。

「たのしいから、やってみない」っていいます。何もしなかった子も、半年くらいたつと、一つ一つ、お姉さんに手伝ってもらってしぼります。[51]

先にも述べたように、宮城は、無理に教師の側から興味を押し付けることはしない。まず、自分たちが楽しく行っている姿を見せる。その楽しさが、自然に見ている子どもに伝わり、「やってみたい」という気持ちが芽生えてきたと思われるタイミングをみはからって、その瞬間「やってみない？」という言葉を、その子にかけてあげるのである。宮城は、「見ているだけだけれど、見ていることが教育なんだ。教科書をおぼえさせることより、見て話して感じることの方が、強く、重大な教育なのだ[52]」とも述べている。

だが、そもそも「見ている」という根本には、子どもの自由な見方や感じ方を認め尊重するといった考え方と、そもそも教師自身の中に「楽しんでいる心」がなくてはならない。

②「自信」をもたせる

第二のもたせることは、「自信」である。それに関して、宮城は次のように述べている。

私は最初、あの子たちにはほめること、喜ぶことで自信を持たせるよう、教育するよう努力した。あの子たちは、学園に入る前、不自由だ、だめだ、極端に言えば邪魔。

家庭科で染め物をする子どもたちと宮城まり子

また、一人の子の世話を二十四時間することで、家庭が崩壊しそうになり、親子心中を考えない父母は、なかったはずである。だから、あの子たち、自分に自信を持たせ、自分が必要な存在であると確信させたかった。(53)

この文章からもわかるように、宮城のいう「自信」とは、よく生きていくための「自信」であり、単なる机上の学習における知識・技術を習得するためのそれだけではない。

現在、学校教育では、子どもたちのよいところを、できるだけ見つけてほめてあげることを勧めている。それ自体、重要であるという考え方に異論はない。だが、「ほめる」ということは、その根本に宮城のいうような子どもたちの生きる「自信」をもたせたいという気持ちがまずなくてはならない。また、往々にして「ほめる」という教師の行為が表層的となり、上滑りに終わることがよくある。それはなぜか。

つまりそれは、根本的によく生きるという子どもたちの成長すること、それ自体への感動がともなっていないからではないだろうか。一茶の句に、「あっぱれの大若竹ぞ見ぬうちに」というものがある。「あっぱれ」とはもちろんほめ言葉である。ここには、竹の生命の成長への感動が「あっぱれ」という言葉によって表現されている。その感動自体が「ほめる」ということなのであり、さらにそれが主体に対して「自信」をもたせるということに自然につながっていると筆者は考える。

宮城の著書の中には、子どもたちに生きる「自信」をもたせることにかかわるエピソードが数多く見られる。その好例が、次に紹介する二つの場合である。

まず、きよみちゃんの場合である。きよみちゃんは、胎児性軟骨異栄養症という一般に背が伸びない病気をもっている。宮城はある日、辛いけれども彼女にそのことを伝えた。つまり宮城は、きよみちゃんに「絵」によって、生きる自信をもたせたいと考えた。

> きよみちゃんが、きよみの世界を強く生きていけるために、なにか人に出来ないことをやり、コンプレックスをとりのぞくしか仕方がないと思います。今、彼女しか描けない絵をかきだしたことはとても素敵なことだし強くなれると思います。(54)

文中の「強くなれる」ということは、「自信がもてる」ということであろう。宮城は、きよみちゃんが「強くなれる」ためのお手伝いを絵を通して行おうとしたのである。

次は、絵を描いた子どもを展覧会につれていったときのことである。それについて、宮城は次のように書いている。

展覧会につれて行きました。自分の絵を見上げる子の、うれしそうな顔、てれた顔。自分の何かを認められた時に、子どもは、強い自信が持てるのだと思いました。(55)

子どもというのは、「自分の何かを認められた時」に「自信」がもてると、宮城はいう。では「何か」とは何だろう。それは、すでに「子ども観」のところでも述べたように、〝ダメな子なんか一人もいない〟ということであり、どの子も「かくれた才能」をもっているということに他ならない。

③「責任」をもたせる

第三は、「責任」をもたせるということである。

宮城の著書の中に、〝ねむの木ハンカチ染会社取締役社長〟という人が出てくる。たえちゃんである。同学園では生涯学習の時間や家庭科の時間に、ハンカチ染が実際に行われる。教室の真ん中で、携帯用のガスボンベで染め物の大きな鍋を三つ並べて、宮城の染物屋が始まる。染まったものを、教職員のお姉さんたちが洗い、それを子どもたちがほどく。やがて子どもたちは、それらをオープンクラスと呼ばれる教室のコルクの床に並べる。そこでたえちゃんの登場である。ハンカチを何枚染めて、何枚失敗したかを数える役である。それについて、宮城は次のように書いている。

> たえちゃんは、算数があまりうまくなかったので、何度も何度もかぞえて、オレンジ九十八枚、ピンク五十枚とノートにかきしるし、残り、染めてないぶん二百枚とか書き出せるようになりました。すごいことです。（中略）
> 人間は、自分が責任を持ったら、あんまりうまくなかった算数まで、できてしまうものなんだナと、[56]（後略）

「責任」をもたせるということは、先にも述べたように、相手のよく生きようとする人間性を認めるということを前提としている。そして、このたえちゃんのように具体的な実践活動を通して、子どもたちに学ばせるのである。そこには、生活と教育が表裏一体となっているといってよい。また一方で、子どもたちに「責任」をもたせるためには、教師（大人）自身が「責任」をもたなければならないと宮城は考える。

> 細かく細かく、小さなことばかり叱っていたら、それは、うるさいと思うだろうなって、そう思う。細かいことは、叱らなくてもいい。大事なことは、まとめて、ありったけの本気で叱ることではないかと、私は思う。
> そしてまた、ほめてばっかりいたら、子どもは自分で、よくできていないこと知っているので、このくらいでほめるのかと、こちらを軽蔑する。
> そのときの子どもたちに、真剣に対することこそ、**大人の責任**なんだと、そう思う。(57)

（傍点引用者）

ここで宮城は、「真剣に対する」ことが「大人の責任」であるという。では、「真剣に対する」とはどのようなことか。それは、「〝いけません〟〝駄目です〟って言うとき、おとなは、子どもが何を考え、何をしているのかをよく見きわめてから、言わなくてはいけない(58)」という言葉に表れていると思う。

つまり「真剣に対する」とは、「子どもが何を考え、何をしているのかをよく見きわめ」ることであり、それぞれ子どもを真摯な目をもって見るということである。結局、子どもに「責任」をもたせるためには、まず教師（大人）が以上のような意味で「責任」をもたなければならないのである。

だが、時として教師は、知らず知らずのうちにその「責任」という枠からはずれることが多々ある。その一例が、次に紹介する、きよみちゃんに対するある教師の失言である。きよみちゃんは、先にも紹介したが背が伸びない胎児性軟骨異栄養症である。その彼女が、あるとき宮城に手紙を書いてきた。次はそのときの様子である。


何があったのか、心配になりました。きよみが、初めてからだのことを私に手紙で聞いてきたのです。

「おねえさん（女教師のこと）が、まり子さんがかってくれたおズボン、半分にきりながら、『もったいないわね、もう一つつくれるわ』っていってたの。あたし、みんなのように背がのびないの？　おしえてほしい、まり子さん」とかいてありました。

あっ、やったア——と思いました。大人は、気をつけないと、とんだ失言をしてしまいます。なにげなく全く悪気がなく、たった一言いっただけなのに、すそあげをしてあげるやさしい人なのに。

でも、子どもはばっさり切りつけられるのですね。(59)　＊（　）内引用者

教師の全く悪気のないひと言が、子どもたちをばっさり切りつける、という言葉の中に、

子どもに「真剣に対する」ための「責任」の重さと難しさが十分に含まれている。

以上、教師の基本的な役割について、三つの「もたせる」こと、すなわち「興味」をもたせる、「自信」をもたせる、「責任」をもたせることを、具体例をまじえて紹介してきたわけである。こうした宮城の考え方は、私たちが子どもをよくしようとする場合の、具体的な方法を考えるための、一つの手がかりを与えてくれるものと信じる。

(4)「癒し合う」という関係

宮城の教師観の特徴として、もう一つ付け加えておきたい。それは、教師と子どもたちの関係が、単に教師と児童生徒という既存の学校における「学び合う」といった関係を超えて、共に「癒し合う」という関係として考えられているということである。

それは、次に紹介する宮城の短い文章の中に、その一端を垣間見ることができる。

> もう、消えそうな情熱の炎を、自分でかき立て、かき立て、今日まできたけれど、もうかき立てる炎もないのかと思いながら、また新しい発見を、私は、子どもたちからもらう。(60)

宮城は、自分が息詰まり疲れ切ったとき、子どもたちから〝新しい発見〟を〝もらい〟、再び息を吹き返し、子どもたちと共に歩み始めるという。それは、単に学び合うという関係では言い尽くせない、いわば「癒し合う」関係と表現したほうが適切であろう。この「癒し合う」関係ということで思い出されるのが、次に紹介する息子光との関係を述べた作家大江健三郎（1935〜）の文章である。

光の音楽を聴いて、私や妻が感じますことは、まず医師たちの援助によって、光を癒すことに努めてきた、そして癒すことができた、ということです。同時に、そのこと自体によって私たちが癒されてきた。むしろ光という子供が恢復してゆく過程に立ち合うことによって自分たちも癒されてきたということです。(61)

ここには、息子光を癒す大江夫妻が、逆に癒されるという事実がある。こうした関係は決して例外的、特殊なものではないかもしれない。だが、それを自覚している人は多いとはいえない。大江は、息子光との中に「癒し合う」という関係を見出している。その関係は、そのまま宮城とねむの木学園の子どもたちとの関係にも当てはまると思う。

教師と子どもとの関係は、教師が一方的に「教え」、子どもが「考える」という関係ではなく、お互い悩み苦しむ一種の修羅（しゅら）としての、生身の人間としてそれぞれの〝不完全さ〟を認め合いながら、まさに「癒し合う」関係の中で成長していくものであると考える。

　つまり、両者が真剣に向き合い、ときにぶつかり合う中から、こうした「癒し合う」関係が生まれるのである。宮城と子どもたちの生活は、まさにその関係性の中で営まれているのである。

4　開かれた学校・ねむの木学園

すでに「ねむの木学園のあゆみ」でも述べたように、養護学校ができたとき、宮城は「養護」という言葉を好まず「オープン・クラス・スクール」と呼び、また無学年制といった。つまり、ここでいう「オープン・クラス・スクール」とは、まさに開かれた学校であり、それはあくまで一人ひとりの子どもたちの成長を、まず何よりも優先して考える、人間にとって精神的に開かれた学校という意味である。その開かれた学校の特徴をいくつか紹介してみたい。

(1) ゆっくりと学ぶ場所

第一は、学校はゆっくり学ぶ場所である、という考え方である。それについて、宮城は次のように述べている。

学校は、なにをするところか。

子どもたちが、素直によく育つために必要なことを教えるところなら、重なった障害を持った子どもたちが、他の学校の子どもより、ゆっくり、ゆっくり歩いて行っても、いいのではないだろうか？

留年。

小、中学校なら、とてもむずかしい。ねむの木は、私立であるために、二十歳の小学生もいたけれど、それ以上は留年させてあげたくても、あまり、わがまま。私学助成金をいただいているからむずかしい。

だから、入学金も月謝もない私立の小、中学校に、また高校もふえた。十二年間の十二年生を、ゆっくり、ゆっくり学べばいい。[62]

中学――もう、二回も留年させている子もいる。あの子は四月から三回目の留年。ねむの木学園内にある学校法人ねむの木学園は、私立だから、校長の私の判断で留年ができる。でも、義務教育だから、あくまで良識を踏まえて。[63]

「ハイ」、この言葉を、一年かけてやっと言ってもらったとき、そして、二年も手をつないでくれなかった自閉症の子が、いっしょに歩いてくれたとき、卵がひなにかえったような気持ちでした。[64]

一般に、学校という場所は、一定の期間内に所定の知識や技術や徳目などを、すみやかに子どもたちに身につけさせるところと考えられる。もし身につけられない子どもがいれば、その子は〝できない子〟あるいは〝ダメな子〟というレッテルがはられる。だが、宮城の考え方はそれとは対照的である。

まず彼女は「学校は、なにをするところか」と問い、それに対して、子どもたちが素直によく育つために、ゆっくりと学ぶための機関であると応えている。ここには、発想の逆転があることに気づく。

つまり、一定の期間で所定の知識や技術や徳目などをすみやかに身につける教授中心の機関として学校を考える立場と、子ども一人ひとりがよく育つためにゆっくり学び、子どもの興味や関心を尊重しようとする機関として学校を考える立場との相違である。宮城の立場は、もちろん後者である。それは、根本的な学校観の相違であるといわなければならない。この相違は、次のエピソードの中によく表れている。

高校は、なにをするところか、重い障害を持つこの子たちにどのくらい必要があるか？

全国養護学校長会で、「高校をふやしても、学力がついていかないのだから、極端な話、大人になる日までの吹きだめですよ」とある校長先生が、おっしゃった。

私は、心の中で、その先生をにらみつけていた。

でも、私は、高校という場所をかりて学校で、国語だけ、理科だけ、小学校三年生のクラスに入ってもいいじゃないか。つまりは十二年間を、ゆっくり、くり返し勉強すればいい、そう思うのだ。(65)

高校を「大人になる日までの吹きだめ」と言い捨てた校長と、宮城との学校に対する考え方の間には、実に大きな〝隔たり〟があるといわなければならない。その両者の〝隔たり〟はどこに起因しているのだろうか。

第一は、先にも指摘したように学校を教授中心、すなわち教師が教え込む場所として考えるか、そもそも子どもたちの学び、あるいは学び合いの場所と考えるかの違いにあるといえる。この校長にとって「重い障害を持つ子」と「高校」は基本的に結びつかないのである。だが、それ以上に根本的な第二の相違点がある。それは、子ども観・教育観の相違である。

この校長にとって、重い障害をもつ子は学力がつかなくて高校に適応できない学力的には劣っている子、そしてひいては「ダメな子」なのであり、教育とは特定の教科内容を「教え込む」働きなのである。それに対して、宮城は、すでに述べてきたように〝ダメな子なんか一人もいない〟という子ども観と、子どもたち一人ひとりの何かができる才能能力を開かせるための「お手伝い」という教育観を根本に据えている。だが、この校長の考え方は、いま登場してきたわけではない、日本では近代学校の成立以来、この校長の考え方が主流であり、現在でもこの伝統的な考え方から抜け出せないでいるといっても言い過ぎではない。

だが、だれにでも、ライフサイクルの、どの段階でも自由に学べる「開かれた」学校をめざしている今日、宮城の「ゆっくり学ぶ場所」という学校観は、決して見逃すことのできない視点であるといえる。ここにも宮城のさりげない言葉の中に、実は非常に重要な教育の核心が含まれているのである。

(2)「家庭(居間)」としての学校

第二の特徴は、学校を子どもたちが生活する「家庭」としてとらえているという点である。したがって、宮城は、ねむの木学園という学校をできるかぎり「家庭的」にして、子どもたちにそうした雰囲気の中で生活させてあげたいと願う。

一口に中学生とはいっても、七歳まで病院で病気とたたかってきて、ねむの木に入ってきたのなら、その日が、ゼロ歳。私は、知恵の遅れを、歩きかたのおそさをそう判断する。

歩くことを練習してたのだから、学園にきた日が、初めて歩いた日。

その日から、医療ではない、集団ではあるけれど、家庭生活がはじまる。(66)

また、日頃の家庭的な雰囲気づくりへのきめ細やかな配慮も怠らない。

家庭でなければ、味わえない寝ぼうした朝の光の差しこんでくるふとんのなかできくまないたの音や、ものの煮えるにおい。それを感じながら待つ。ずいぶん家庭的にも心くばりはしているつもりなのだけど、そんな雰囲気は、大きな調理場の学園にはない。

それを味わわせたくて、時間をおくらせて、待たせたり、間に合わないと、おかずは残りものよといったりした。(67)

ねむの木学園の子どもたちのほとんどは、家庭の「音」や「におい」を知らない。だから宮城は、〝学園〟という限界を感じながらも、できるだけ家庭的な〝温かさ〟を味わってもらいたいという親心によって、その雰囲気づくりに努めるのである。

最も特徴的なことは、ねむの木学園には「先生」「児童・生徒・学生」という呼び名は存在しない。子どもたちは宮城を「おかあさん」と呼び、教職員の人たちを「お姉さん、お兄さん」と呼ぶ。そして子どもたちは「子どもたち」である。こうした宮城の家庭的配慮は、他にも学園生活の中に多く見られる。その二つの例を以下に紹介しよう。

一つは食器である。学園の創立当初、食器がプラスチックであったのを宮城は見逃さなかった。普通の家庭であればプラスチックの食器は使用しない。確かに学園の子どもたちの中には、手が不自由で茶碗などをしっかりと持てず落としてしまう子もいるかもしれない。だが宮城は、茶碗がこわれること以上に、家庭的な雰囲気を大切にしたいと考えたのである。

それは先にも述べたように、この学園に集まってくる子どもたちが、生まれたときから家庭的な雰囲気を味わったことがない子どもたちだからである。その結果、ねむの木の食器はすべて家庭で用いられるような瀬戸物(せともの)に変わったのである。それについて、次のように書いている。

食器は、プラスチックにしてくださいと調理場のお姉さんに申し込まれました。お茶(ちゃ)碗(わん)、お皿、小鉢とたくさんですね。「そうね、ごめんね」と、プラスチックに替えました。

私は贅沢(ぜいたく)で瀬戸物にしようと思ったのではありません。ていねいに扱ってあげなけりゃ、割れるでしょ。落としたら割れるってこと、覚えるでしょ。ものを大切にすること覚えてほしかったんです。友達も、自分より重い子を足でけっとばして、転がすなんてこと、たった一人でも、やめさせたかったのです。(68)

もう一つは、宮城が「魔の時間」と呼ぶ瞬間である。

授業が終わり、遊びが終わり、ごはんですよと、ほんの少し待つ時間を魔の時間と思う。保母は食事の仕度、教師はさよなら、このほんのちょっとの間、耐えられない淋しさに、大変なことが起きるのではないかと、いつも心配で、この時間に職員の勤務人員を多くしてある。子どもたちにもっとも声をかける時間だと思うのだ。
「かえっていらっしゃーい。ごはんよー」の、この声は、母のない子にはありえない。(69)

「『かえっていらっしゃーい。ごはんよー』の、この声は、母のない子にはありえない」という、この宮城の繊細（せんさい）さは何だろう。この「魔の時間」を見逃さない鋭い彼女の感性はどこから生まれてくるのだろう。それは、宮城の天性ともいうべき子どもたちへのやさしさから生まれてくる親心であると筆者は考えている。

私は、学校が家庭的であることを期待する宮城を通して、「居間の教育」を提唱し、そこから国民文化と人類の運命について考えたスイスの教育実践家であるペスタロッチーを思い出す。彼は、「七十三歳生誕日講演」＊の中で次のように述べている。

この人間の居間のなかには、わたしが民衆および貧しい人々にとって最も気高いもの、最も聖なるものだと考えるものがすべて集まっています。その居間の健全、それのみが民衆を助けることができるのです。そしてそれこそが、民衆のために配慮される必要のある第一のものです。(70)

先にも述べたように、学園の子どもたちの人生のスタートに家庭の温もりはない。だから宮城は、彼らのためにそれを少しでも補おう、取り戻そうとしてきた。それは、ペスタロッチーのいう「気高いもの、最も聖なるもの」が集まっている場所を築き上げたいという〝祈り〟なのである。そして、宮城は神から与えられた「愛」という力を信じて〝祈る〟のである。

背中をなでてあげながら、今日、誕生日の子、母の死を知らされた子、父母の死を思い出し、泣いている子を同時に目の前にして、あらためて責任の重さを感じた。

その夜は、みんなのホールで、おおぜいでねることにした。職員の運んでくれたおふ

頬に口づけ

とんを、子どもたちは自分たちの思ったとおりしいてもらった。わたしは、わざとおくれて入り、ねる場所を探した。わたしが真ん中、そのとなりが誕生日のやすひこ、右どなりがまもる、まもるのとなりに、たけひとであった。

「つかれたあ」

わたしは、ねどこにとびこんだ。まもるとやすひこが、そっとわたしの手を探してきた。きゅっとにぎってあげると、まもるは、わたしの手を両手でだき、お口にもっていき、「お母ちゃん」と言っ

＊ この講演は、ペスタロッチーが1818年1月12日、彼の第73回生誕日の祝典にイヴェルドンの学園で行ったものに加筆したものである。（同全集3頁参照）

た。[71]

改めて宮城の教育観を振り返るとき、私たちは彼女独特の言葉によって教育の根本的な問題が語られていたことに気づくはずである。子ども観では、「〜したい」という人間の根源的エネルギーともいうべき力を、どの子ももっているという考えにもとづく「ダメな子は一人もいない」「かくれた才能」という言葉である。

教育観では、そうした力を大きく広げていく働きという考えによる「生きていくお手伝い」「見守る」という言葉である。教師観では「俳優（役者）」「興味・自信・責任をもたせる」という言葉である。そして最後の学校観では、「家庭」「ゆっくり学ぶ場所」という言葉である。

こうした一見ありふれた言葉が、宮城によって用いられた途端に逞しく蘇生するのである。それはなぜだろうか。私は、その手がかりが、次に紹介するフランスの作家ジャン・ジオノ（1895〜1970）の有名な小説『木を植えた男』の一節にあるように思われる。

> どんな成功のかげにも、逆境に耐えぬく苦難があり、どんなに激しい情熱を傾けようと、勝利を確信するまでには、ときに絶望とたたかわなくてはならぬことを知るべきだった。[72]

宮城まり子の教育観は、ここでいう「逆境」と「絶望」のまさに〝実践〟の中から導き出されたものなのである。だから、先に紹介したような素朴な言葉が、私たちの心の中に強く訴えるだけの〝重み〟をもつのである。

今日のような教育問題が山積する中で、最も大切な教育に対する根本的な考え方、つまり教育とは何か、子どもとは何か、教師とは何か、そして学校とは何かといった問題を、宮城のこうしたさりげない言葉の〝重み〟の自覚から、一人ひとりの大人があらためて問い直し、再出発することがいま、求められているように思えるのである。

第2部　出典

1）宮城まり子『ねむの木・まり子・こどもたち』海竜社、１９９５年、１４６頁
2）宮城まり子『まり子の校長日記――手づくりの学校 手づくりの教育』小学館、１９８５年、１１４頁
3）同前書、１１７頁
4）宮城まり子『ＮＨＫ 知るを楽しむ 人生の歩き方 宮城まり子 こどもたちへの伝言』日本放送出版協会、２００７年12月、61頁（以下、『こどもたちへの伝言』と略す）
5）前掲書『まり子の校長日記』、16頁
6）同前書、１７２頁、１８５頁
7）宮城まり子『まり子の目・子どもの目――ねむの木学園の〈教育〉発見』小学館、１９８３年、94頁
8）同前書、34頁
9）同前書、41頁
10）同前書、２３１頁
11）同前書、38頁
12）前掲書『まり子の校長日記』、１３３頁
13）宮城まり子『また あしたから』日本放送出版協会、１９９９年、53～54頁
14）同前書、１１９頁
15）前掲書『まり子の目・子どもの目』、92頁
16）前掲書『ねむの木・まり子・こどもたち』、１４７頁
17）前掲書『また あしたから』、１５９頁

18）前掲書『まり子の目・子どもの目』、42頁
19）前掲書『まり子の校長日記』、１３２頁
20）同前書、24頁
21）前掲書『まり子の目・子どもの目』、１３１頁
22）前掲書『また あしたから』、68頁
23）前掲書『まり子の目・子どもの目』、１７８頁
24）「宮城まり子という生き方　愛を注いだ〝ねむの木学園〟の40年」（『家庭画報9月号』世界文化社、２００７年9月所収）２９３頁
25）前掲書『こどもたちへの伝言』、61頁
26）灰谷健次郎『優しさとしての教育』新潮社、１９９１年、67頁
27）前掲書『また あしたから』、１５９頁
28）ミヒャエル・エンデ作 大島かおり訳『モモ』岩波書店、１９７６年、22頁
29）宮城まり子編『ねむの木の心の空はいい天気 ねむの木学園 さとうたかひろ・詩集』青娥書房、１９９６年、４頁
30）前掲書『まり子の目・子どもの目』、46頁
31）前掲書『こどもたちへの伝言』、71頁
32）前掲書『まり子の目・子どもの目』、１８８～１８９頁
33）前掲書『まり子の目・子どもの目』、23頁、宮城まり子『戦仕度の日々――ねむの木の子どもたちと』日本放送出版協会、１９８１年、29頁
34）前掲書『また あしたから』、１９１頁
35）前掲書『まり子の校長日記』、45頁

36) 前掲書『まり子の目・子どもの目』、182～183頁
37) 前掲書『まり子の校長日記』、80頁
38) 宮城まり子『戦仕度の日々――ねむの木の子どもたちと』日本放送出版協会、1981年、50頁
39) 前掲書『まり子の目・子どもの目』、176～177頁
40) 前掲書『また あしたから』、163頁
41) 佐藤学『学び その死と再生』太郎次郎社、1995年、39頁
42) 前掲書『また あしたから』、69頁
43) 宮城まり子『時々の初心 ねむの木学園の40年』講談社、2007年、63頁
44) 前掲書『また あしたから』、71～72頁
45) 前掲書『時々の初心 ねむの木学園の40年』、68頁
46) 同前書、76頁
47) 前掲書『また あしたから』、121頁
48) 相田みつを『にんげんだもの』角川文庫、2000年、114～119頁
49) 前掲書『また あしたから』、119～120頁
50) 前掲書『まり子の校長日記』、64頁
51) 前掲書『ねむの木・まり子・こどもたち』、56～57頁
52) 前掲書『まり子の校長日記』、34頁
53) 前掲書『まり子の目・子どもの目』、144頁
54) 宮城まり子『たんぽぽの子 きよみへ まり子』講談社、1982年、81頁
55) 宮城まり子『なにかが生まれる日』日本放送出版協会、2008年、37頁
56) 前掲書『ねむの木・まり子・こどもたち』、60～61頁

57）前掲書『まり子の目・子どもの目』、85頁
58）宮城まり子『神様にえらばれた子どもたち』海竜社、51頁
59）前掲書『たんぽぽの子 きよみへ まり子』、73～74頁
60）前掲書『まり子の校長日記』、66頁
61）大江健三郎『あいまいな日本の私』岩波新書、１９９５年、31頁
62）前掲書『まり子の校長日記』、17頁
63）前掲書『まり子の目・子どもの目』、１４５頁
64）前掲書『また あしたから』、１６８頁
65）前掲書『まり子の校長日記』、9～10頁
66）前掲書『まり子の目・子どもの目』、１４５頁
67）同前書、14～15頁
68）宮城まり子「この道 85」（東京新聞、２００８年7月12日付）
69）前掲書『まり子の目・子どもの目』、52頁
70）長田新『ペスタロッチー全集（第13巻）』平凡社、１９６０年、66頁
71）前掲書『時々の初心』、51～52頁
72）ジャン・ジオノ著 寺岡襄訳『木を植えた男』あすなろ書房、２０１５年、41頁

エピローグ

1 ねむの木村を散策して

ねむの木学園を初めて訪れたのは、すでに30年ほど前になる。恩師である村井実先生（慶應義塾大学名誉教授）に連れられて学園を訪問し、宮城さんにもお会いしたことを今でも鮮明に覚えている。そのときの宮城さんに対する第一印象は、まずその存在感の大きさである。やさしく微笑むその奥で、人をしっかりと洞察する眼光（がんこう）の鋭さである。いつか宮城さんは、自分を〝子どもを守る親ライオン〟にたとえられていたが、まさにその存在感の大きさは、このねむの木学園のたくさんの子を必死で守ろうとする親ライオンそのものから醸し出されているように思う。

これまで、浜岡町時代のねむの木学園と新しくつくられたねむの木村には、10月に開催される運動会や村井先生ご夫妻との再訪などで十数回訪れている。
平成19（２００７）年の12月初旬には、妻とねむの木村を訪れ、ゲストハウス（ガーデンハウス）に宿泊させていただき、ゆっくりねむの木村全体を散策したことがある。
広々とした庭園のあるガーデンハウスから少し下ると、平成11（１９９９）年5月15日に完成した全面ガラスばりの「ねむの木こども美術館（緑の中）」がある。現在は、管理する人がいないため、ひっそりと閉まっているが、展示されている子どもたちのいくつかの絵は外部からも見ることができる。

その美術館を通り過ぎて、さらに数軒の民家や茶畑を下って4、5分歩いていくと、やがて正面に平成19（２００７）年春に完成した、銅板を折ってつくられたどんぐりの形をしたとんがり屋根と白い壁の「ねむの木こども美術館（通称「どんぐり」）」が、まるでメルヘンの世界にまぎれ込んだかのように眼前に現れてくる。

白い漆喰の壁には、子どもたちが描いた愉快に踊っているような麦の絵が、色とりどりに美術館を囲んでいる。道を挟んで向かい側には、田舎の鎮守といってよい古い熊野神社が、ねむの木村をしっかりと温かく守っているようである。

「ねむの木こども美術館（どんぐり）」の中へ入ると、まず受付があり、そのまままっすぐ行くと再び広々とした戸外に出る。長いU字形のスロープを歩いて行くと、さらに入り口があり、そこから子どもたちの絵が展示されている部屋に入れるように工夫されている。中は白壁に子どもたちが丹誠込めて描いたたくさんの光を放つ絵が飾られている。それらを赤いソファーにすわりゆっくりと観賞することができる。一つ一つの絵の美しさもさることながら、子どもたちのやさしい心が館内全体から伝わってくる。ぼんやりと子どもたちの絵に見入っていると、いつの間にか時間が過ぎていく。

そのこども美術館（どんぐり）から、さらに緩やかにカーブした上りと下りをくり返す坂を10分ほど歩いていき、最後のカーブを右に曲がると「森の喫茶店ＭＡＲＩＫＯ」と、陽光に照らされキラキラと輝いている「桜木池」が見えてくる。

少し疲れたので、「森の喫茶店ＭＡＲＩＫＯ」で休憩することにした。喫茶店は、35人程度入れる長方形の建物で、子どもたちの絵が飾られ、さまざまなグッズが陳列販売されている。注文を取りに来てくれたウェーターさんはねむの木学園の在園生だった。少し寒かったので、アップルティーを、妻はカレーセットをそれぞれ注文した。お店にはテラスがあり、そこからは先ほどの桜木池が一面に広がり、二羽の白鳥が泳いでいた。

喫茶店を出て、少し歩いていくと左側に「吉行淳之介文学館」がある。文学館の玄関の白壁には吉行氏が好きだったという海棠（かいどう）が咲いていた。そして大きな欅（けやき）もあった。文学館の入り口を入ると、エントランスの右側にグランドピアノが置いてあった。おそらくここで演奏会などが催されるのかもしれない。

中庭は21枚の大きなガラス戸で空間がとられており、なぐり加工（ちょうな削り）でできたベランダを備え、もみじの木が初冬にもかかわらず美しく、奥には茶室がある。広々としたエントランスを左に行くとVの字の展示室になっている。吉行淳之介氏のさまざまな遺品がガラスケースに整然と陳列されている。生い立ち、芥川賞受賞の折の賞状と副賞、さらにまり子さんに送られた手紙（ラブレター）、そして旅行をしたときや日常生活のさまざまな写真などが展示されている。

一つ一つの写真の下には、まり子さんのショートコメントが書かれており、短い言葉の中に淳之介氏への想いが凝縮（ぎょうしゅく）されているようだった。廊下を右に行くと、そこにも吉行氏の著した文庫本がガラスケースに展示されていた。その部屋には、大きなソファーと机が置かれており、さらに外に出るとなぐり加工のベランダがあり、そこからの山の風景は、まさに私たちが忘れかけている日本人の原風景とでもいうべきものを思い出させてくれる静寂（せいじゃく）の空間が眼前に開けている。

さらに廊下をまっすぐに行き、引き戸を開けると「和心庵」と書かれた本格的な茶室がある。土曜日や日曜日などは在園生たちがお客様にお茶を点（た）てふるまっているという。

文学館からさらに300メートルほど行くと、左側に職員のアパートが数棟建ち並んでいる。その右側には、ガラス工房の建物がある。それに隣接して、えんじと白の可愛らしい建物が3棟あり、それぞれ「こどもたちのお店」として「ガラス屋さん」「毛糸屋さん」「雑貨屋さん」が仲良く並んでいる。それぞれのお店では、かわいらしい小物類が販売されていた。

お店からさらに100メートルくらい進むと、「あかしあ通り1丁目」と書かれたバスのりばがある。掛川駅からねむの木学園行きが出ているが、その終点の停留所である。それを左に曲がると、急な坂になり、その遠方に、「ねむの木学園」の校舎、「ねむの木のどかな家」「なかよしの家」が見える。坂を下り終えると、真っ赤な「こでまり橋」があり、それを渡ると目前に学園の建物が見えてくる。100メートルほど最後の坂を上ると、坂の右下に子どもたちが10月に行う運動会の広々としたグラウンドが見える。

ようやく、ねむの木学園の玄関にたどり着いた。

全体を歩いて感じたことは、まさにこの空間全体が静寂に満ち、今私たちに忘れ去られている自然の原風景と同時に、心の原風景そのものがここにあるということである。時間が風に揺れる木々のように、自然に流れている。その中で人々がゆっくりと学び合い、癒し合いながら歩んでいる。人間が共によく生きるとは何か、子どもをよくしようとする教育の営みとは何か、それらを解く手がかりがここにあるような気がした。

最後に、平成11（1999）年に宮城まり子さんが21世紀への祈りを込めて書かれた文章を紹介しておこう。

〝二十一世紀〟私にはどんなふうに変わるのか、少しもわからない。人間は、考えなくても機械が考えてくれ、機械が答えをくれ、機械が声を出し、機械が絵をかいてくれるのであろうと思う。でも、少しもわからない。昨年の五月、私はソビエトという国がなくなるなんて夢にも思わなかったから。けれど、機械がすべてをやってくれても、人間の心は永久に変わらないのだから、〝心〟を大切にする優しい心、思いやりの心、哀しさを哀しさと感じる心を、今よりもずっとずっと大人はこどもに教えなくてはならないと思う。感受性のつよい子、だって、二十一世紀の日本のこども達は、今よりずっと、お年を召した方のために働くこと、心をこめることを約束させられているのだから。

（宮城まり子『また あしたから』日本放送出版協会、１９９９年、２０３頁）

2 宮城さんと共に――ガーデンハウスにて

日時　平成20（２００８）年6月22日（日）～23日（月）
場所　ガーデンハウス
天気　雨

6月22日（日）

掛川着　12時41分
掛川駅からねむの木学園行き13時30分に乗る。
乗客は２人。１人は小学校前で下車。それから１人になる。
13時50分　ねむの木学園終点に着く。
歩いてねむの木学園に行く。
職員の方がおり、車でガーデンハウスまで乗せていってくれる。

宮城さん、リビングにベッドを入れ、パジャマのままで東京新聞に連載中の原稿を書いているところだった。

お話を聞き始める。

15時30分頃　てるゆきくんとたけしくんが来る。

二人が宮城さんの原稿用紙に自分の名前を書き始める。（そのときのことを「東京新聞」この道 70に掲載） 18時頃までお話を聞く。

夕食　学園の夕食を宮城さんがアレンジして作ってくださる。

お寿司をいただく。

宮城さんはいくらがキライ。

20時30分頃までご一緒させていただき、お話を聞く。

6月23日（月）

7時30分　起床。その後　ワープロを打つ。
9時30分　宮城さんがオムレツを作ってくださる。
10時30分～14時30分　リビングにてお話を聞く。
いろいろなところから電話あり（新聞社、施設、出版社、見学依頼、児童相談所、展覧会会場など)。

15時　遅い昼食(焼き飯、サラダ、スープ、サクランボ、モモ)、宮城さんが用意してくださる。その後、原稿の修正部分についてアドバイスを受ける。

夕方　宮城さん、東京へ行く(厚生労働省、障害者自立支援法の傍聴などのため)。

あとがき

いま念願の『宮城まり子とねむの木学園』を無事出版できたことで、宮城さんとの約束を果たせたことへの安堵感がある一方、私などより長年宮城まり子さんやねむの木学園との関わりが深い方々が大勢いる中で、内容上期待に応えられるものになったのかどうかという不安感も同時にわき起こってきています。

ただ私としては、宮城さんの偉業を一時代の特別な教育の出来事として埋もれさせるわけにはどうしてもいかず、後世にいつまでも残す価値が十分あるものであるという強い思いでこれまで研究し、まとめてきました。

宮城まり子さんとは、これまで約30年お付き合いさせていただきました。教育学を専門とする私自身、宮城さんの我が国に前例のない施設の創設と教育観や子ども観に共感し、それ以来宮城さんに関わる著書やエッセイをできるだけ隈なく収集し、講演があれば同行し、その内容を記録してきました。また、ねむの木学園の子どもたちのコンサートや展覧会、さらに運動会などにもできるだけ参加し、学園のさまざまな活動や子どもたちの様子を実際に観てきました。

その中でもとくに、今でも強く印象に残っている場面が二つあります。

一つは、私の慶應義塾大学時代の恩師であり宮城さんを紹介してくださった村井実教授(元ねむの木学園理事)に連れられて、まだ学園が浜岡町にある頃、初めて運動会に参加したときでした。私は、事前にどのような子どもたちが入園しているのかを聞いていましたので、ぜひ子どもたちを励ましてやりたいという思いで参加しました。しかしそれは、見事に打ち砕かれました。

入場行進の後、学園の校歌である「幸せは樹のように」を子どもたちが手話を交えて、「君は幸せですか、ひとを愛してますか、ハートの中をのぞいたらHappiness見えますか」と歌い始めた瞬間、励まそうと思った自分が逆に明るく歌う子どもたちから励まされていることに気づきました。

私自身、赴任していた短大で学生たちを教えていた頃で、授業がうまくいかず悩んでいた時でした。授業がうまくいかないのは学生の問題ではなく、むしろ知識を「教える」ことだけに夢中になり、「やさしさ」ということをどこかに置き忘れていた自分の問題であるということに、子どもたちから気づかされたのです。

もう一つは、同じく運動会に関わることです。運動会開催の約1か月前に突然宮城さんから私の携帯に連絡がありました。それは、「今度の運動会にはぜったい来てちょうだいね。子どもたちがおもしろいことをするから」という内容でした。どういうことをやるか尋ねても「子どもたちがタップダンスをするの、あとはないしょ」と笑いながらおっしゃるだけで教えてはくれませんでした。

そして当日、参加してそれがどういうことかわかり、大変衝撃を受け、感動しました。それは、足に障がいを持っている子どもたちが、手に靴を履き、低いテーブルの前に座って、セントルイスブルースの曲に合わせて手によるタップダンスを始めたのでした。

日頃から宮城さんは、「肢体に障がいを持っていても誰だって体を動かしたいという気持ちがあり、表現したいという思いがあるでしょ。そのお手伝いを私たちはするだけですよ」とおっしゃっていました。「足が動かなければ手でやればいい、楽しませてあげたいの」という宮城さんの子どもたちへの強い愛情と、それに支えられた冴えた感性と豊かな想像力・創造力に対して、改めてそのすばらしさをそのとき実感したしだいです。

現在、子どもたちを取り巻く環境もよいとはいえず、むしろコロナ渦での精神的不安や虐待問題、貧困問題などにより以前にも増して厳しい状況になってきているようにみえます。そうした中で、私たち大人は、宮城まり子さんのいう「ダメな子なんか一人もいない」「教育は生きていくお手伝い」「やさしくね、やさしくね、やさしいことはつよいのよ」などの言葉に内在する精神を、もう一度教育の原点に立ち返るための手がかりとして継承していくことが、何より子どもたちに寄り添い、向き合い、そして助けていくことになると私は確信しています。

一人でも多く宮城さんのこの精神を理解していただき、それが世の中に広がりを見せていくことができれば、この本を出版した意味があるのかと私なりに思っています。

結びに、今回の刊行に当たり、ねむの木学園の福田美子様と梅津健一様には、お忙しい中、事前に原稿を詳細にお読みいただき、さまざまなご示唆をいただきました。さらに、快く貴重な写真も数多く提供してくださるなど全面的にご協力いただき、心より感謝申し上げます。

また、潮出版社の幅武志様との出会いがなければこの本は生まれなかったと思います。氏は、「ぜひよい本にしましょう」と私の考え方に共感し常に励ましてくださり、最後まで内容を詳細に吟味していただきました。ここに深く感謝申し上げます。

令和3年1月末日

作新学院大学学長　渡邊　弘

参考文献一覧

【宮城まり子関係】

宮城まり子『まり子の社会見学』中央公論社、1960年

宮城まり子『ねむの木の子どもたち』ごま書房、1973年

宮城まり子『楽屋の窓から』講談社、1974年

宮城まり子『まり子のテレソン』三笠書房、1975年

宮城まり子『ともだち ねむの木 そして私――宮城まり子のふれあいエッセイ』集英社、1978年

宮城まり子『戦仕度の日々――ねむの木の子どもたちと』日本放送出版協会、1981年

宮城まり子『わたしのソフィア』海竜社、1982年

宮城まり子『たんぽぽの子 きよみへ まり子』講談社、1982年

宮城まり子『まり子の目・子どもの目――ねむの木学園の〈教育〉発見』小学館、1983年

宮城まり子『神様にえらばれた子どもたち』海竜社、1985年

宮城まり子『まり子の校長日記――手づくりの学校 手づくりの教育』小学館、1985年

宮城まり子「太陽を追いかけて」(しずおか演劇祭参加〝宮城まり子とうたう・おどるこどもたち〟パンフレットより)、1991年11月16日)

宮城まり子『ねむの木・まり子・こどもたち』海竜社、1995年

宮城まり子「ねむの木学園1995年10月22日運動会プログラム」

宮城まり子編『ねむの木の心の空はいい天気 ねむの木学園 さとうたかひろ・詩集』青娥書房、1996年

宮城まり子『また あしたから』日本放送出版協会、１９９９年
宮城まり子「社会」（『中学生の教科書――死を想え』四谷ラウンド、１９９９年所収）
宮城まり子『淳之介さんのこと』文春文庫、２００３年
宮城まり子『時々の初心 ねむの木学園の40年』講談社、２００７年
宮城まり子『宮城まり子が選ぶ 吉行淳之介短編集』ポプラ社、２００７年
「宮城まり子という生き方　愛を注いだ〝ねむの木学園〟の40年」（『家庭画報』9月号、世界文化社、２００７年9月所収）
宮城まり子『ＮＨＫ 知るを楽しむ 人生の歩き方 宮城まり子 こどもたちへの伝言』日本放送出版協会、２００７年12月
宮城まり子『なにかが生まれる日――ねむの木とまり子』日本放送出版協会、２００８年
宮城まり子「この道 宮城まり子 1〜１００」（東京新聞、２００８年）
宮城まり子『初心』東京新聞出版局、２００９年
宮城まり子・ほんめとしみつ・ほんめつとむ『まり子おかあさんへ』海竜社、２０１４年

【その他】
相田みつを『にんげんだもの』角川文庫、２０００年
朝日新聞社『朝日人物事典』朝日新聞社、１９９０年
大江健三郎『あいまいな日本の私』岩波新書、１９９５年
長田新編『ペスタロッチー全集（第13巻）』平凡社、１９６０年
小幡欣治『評伝 菊田一夫』岩波書店、２００８年
解説教育六法編修委員会編『解説教育六法』三省堂、１９９９年

『吉川英治とわたし』講談社、１９９２年
佐藤学『学び その死と再生』太郎次郎社、１９９５年
ジャン・ジオノ著 寺岡襄訳『木を植えた男』あすなろ書房、２０１５年
『谷内六郎展――なつかしさと安らぎの世界』谷内六郎展実行委員会、２００４年、東京銀座三越デパート
灰谷健次郎『優しさとしての教育』新潮社、１９９１年
ペスタロッチー著、長田新訳『隠者の夕暮・シュタンツだより』岩波文庫、１９４３年
ミヒャエル・エンデ作 大島かおり訳『モモ』岩波書店、１９７６年
村井実『教育する学校』玉川大学出版部、１９８２年
村井実『ペスタロッチーとその時代』玉川大学出版部、１９８６年
村井実『「愛」と「教育」』（日本学び方研究会『学び方』２００８年６・７月号）
渡邊弘・松丸修三編著『「援助」としての教育を考える』川島書店、１９９４年
渡邊弘編著『「援助」教育の系譜――近世から現代まで：その思想と実践』川島書店、１９９７年
渡邊弘『人間教育の探究』東洋館出版社、２００６年
渡邊弘『一茶とその人生』ＮＨＫ出版（ＮＨＫラジオテキスト）２０１４年
渡邊弘『人間教育のすすめ』東洋館出版社、２０１６年

本書は書き下ろしです。

渡邊 弘（わたなべ・ひろし）

1955年栃木県生まれ。慶應義塾大学卒。同大学大学院社会学研究科教育学専攻修士課程修了。82年同大学大学院社会学研究科教育学専攻博士課程中退。(博士)教育学。作新学院女子短期大学部助教授、慶應義塾大学文学部非常勤講師、宇都宮大学教育学部教授(学部長・研究科長、附属小学校長兼務)、作新学院大学人間文化学部教授(学部長)などを経て、2017年作新学院大学学長・作新学院大学女子短期大学部学長。20年学校法人ねむの木学園理事。1994年国民学術協会賞受賞。著書に『「ちゅうくらい」という生き方』『人間教育のすすめ』など。

宮城まり子とねむの木学園――愛が愛を生んだ軌跡

二〇二一年　二月　二〇日　初版発行

著　者――渡邊　弘

発行者――南　晋三

発行所――株式会社 潮出版社

〒一〇二―八一一〇

東京都千代田区一番町六　一番町SQUARE

〇三―三二三〇―〇七八一（編集）

〇三―三二三〇―〇七四一（営業）

振替口座　〇〇一五〇―五―六一〇九〇

印刷・製本――中央精版印刷株式会社

ISBN978-4-267-02271-5 C0095

http://www.usio.co.jp/

JASRAC 出 2100021-101

◆潮出版社の好評既刊

内心被爆　福島・原町の10年

馬場マコト

原発事故から一〇年——放射能の脅威に曝されながらも故郷に残り、戦った人たちのウイズ・シーベルトの日々を追う。

漂流児童　福祉施設の最前線をゆく

石井光太

女子少年院、児童養護施設、赤ちゃんポスト、子供ホスピス……。ノンフィクションの〝革命児〟が挑む児童福祉の現場。

天涯（てんがい）の海　酢屋三代の物語

車浮代

世界に誇る「江戸前寿司」はなぜ誕生したのか。江戸時代「粕酢」造りに挑んだ三人の又左衛門と、彼らを支えた女たちを描いた歴史長編。

私が愛したトマト

髙樹のぶ子

現実と空想、過去と未来といった日常の境界線が曖昧になっていく不思議な世界。美しい日本語で綴る十一作品を収録した短編小説集。

夏の坂道

村木嵐

戦後最初の東大総長として、敗戦に打ちひしがれた日本国民を鼓舞し、日本の針路の理想を示した南原繁の生涯を描く歴史長編。

◆潮文庫の好評既刊

大阪のお母さん 浪花千栄子の生涯

葉山由季

NHK連続テレビ小説「おちょやん」のヒロインを描く長編小説。貧しい幼少期を乗り越え、大正・昭和を駆け抜けた大女優の一代記。

漱石センセと私

出久根達郎

〝センセ〟はどんな人なのか。鏡子夫人は〝悪妻〟だったのか。漱石夫妻らとの交流を通して成長する少女より江の物語を描く長編小説。

明日香さんの霊異記

髙樹のぶ子

現代に湧現する一二〇〇年の時を超えた因縁と謎を解く鍵は日本最古の説話集に記されていた。古都で繰り広げられる古典ミステリー。

さち子のお助けごはん

山口恵以子

出張料理人の飯山さち子は、波瀾万丈の運命を背負いながらも、依頼者を料理で幸せにしていく。笑いあり涙ありの連作短編小説。

森沢カフェ

森沢明夫

思わず微笑んでしまう笑い話、小説のような感動の実話、自分を変えるための秘訣など、人生を輝かせるヒントが詰まったエッセイ集。